Pescados y Mariscos Fáciles

Publications International, Ltd.

En la portada se ilustra: Ensalada de Camarón Asado con Vinagreta Caliente de Tocino *(página 14).*
En la contraportada se ilustra: Salmón Glaseado a la Naranja *(página 122).*

ISBN-13: 978-1-4127-7955-5
ISBN-10: 1-4127-7955-3

Hecho en China.

8 7 6 5 4 3 2 1

Cocción en Horno de Microondas: La potencia de los hornos de microondas es variable. Utilice los tiempos de cocción como guía y revise qué tan cocido está el alimento antes de hornear por más tiempo.

Tiempos de Preparación/Cocción: Los tiempos de preparación están basados en la cantidad aproximada de tiempo que se requiere para elaborar la receta antes de cocer, hornear, enfriar o servir. Dichos tiempos incluyen los pasos de la preparación, como medir, picar y mezclar. Se tomó en cuenta el hecho de que algunas preparaciones y cocciones pueden realizarse simultáneamente. No se incluyen la preparación de los ingredientes opcionales ni las sugerencias para servir.

Contenido

Clásicos Americanos............................4

Cocina Italiana 36

Sur de la Frontera............................62

Favoritos Sureños.............................98

Comida Asiática 120

Índice......................................154

Bacalao Boston Horneado
(p.10)

Hamburguesas de Salmón
(p. 24)

Cacerola de Tallarines con Atún
(p. 16)

Pescado a la Parrilla con Salsa de
Mantequilla y Limón (p. 18)

lásicos Americanos

Huachinango a la Parrilla con Salsa de Cítricos

Tiempo de Preparación: 10 minutos • **Tiempo de Cocción:** 10 minutos

¾ de taza de mayonesa light sabor Dijon
2 cucharadas de jugo de naranja
2 cucharadas de jugo de limón
1 cucharada de ralladura de cáscara de limón y de cáscara de naranja
1 cucharada de estragón fresco picado
4 filetes de huachinango, de 1.5 cm de grosor (675 g)
Sal, pimienta y pimentón al gusto

1. Combine ½ taza de mayonesa, los jugos de naranja y limón, las ralladuras y el estragón en un recipiente.

2. Sazone el pescado con sal, pimienta y pimentón al gusto. Cubra con el ¼ de taza restante de mayonesa.

3. Cueza sobre una parrilla bien engrasada, a fuego medio directo, por 5 minutos por lado o hasta que el pescado esté opaco en el centro; voltéelo una vez. Sirva con salsa. *Rinde 4 porciones*

*Consejo

Puede usar dos rejillas de metal para asar el pescado. Rocíelas muy bien con aceite en aerosol. Coloque el pescado en la rejilla inferior. Tape con la otra rejilla. Utilice guantes protectores largos para voltear y retirar el pescado del asador.

Sopa de Pescado Nueva Inglaterra

115 g de tocino (beicon) picado
1 taza de cebolla picada
½ taza de apio picado
2 tazas de papas (patatas), peladas y en cubos
2 cucharadas de harina de trigo
2 tazas de agua
1 hoja de laurel
1 cucharadita de eneldo seco
1 cucharadita de sal
½ cucharadita de tomillo seco
½ cucharadita de pimienta negra
450 g de filetes de merluza o hipogloso, sin piel,
sin espinas y en trozos de 2.5 cm
2 tazas de leche
Perejil fresco picado (opcional)

1. Cueza el tocino en una olla de 5 litros de capacidad, a fuego medio-alto, hasta que esté dorado; revuelva de vez en cuando. Retírelo con una espumadera; escurra sobre toallas de papel. Agregue la cebolla y el apio a la grasa de la olla. Cueza y revuelva hasta que la cebolla se suavice. Añada las papas; cueza por 1 minuto. Incorpore la harina; cueza por 1 minuto más.

2. Agregue el agua, la hoja de laurel, el eneldo, la sal, el tomillo y la pimienta. Ponga a hervir a fuego alto. Reduzca el fuego a bajo. Tape y hierva por 25 minutos o hasta que las papas estén suaves. Añada el pescado; hierva, tapado, por 5 minutos o hasta que el pescado empiece a desmenuzarse cuando lo toque con un tenedor. Retire y deseche la hoja de laurel. Agregue el tocino a la sopa. Vierta la leche; caliente muy bien. No deje hervir. Sirva en tazones. Adorne con perejil, si lo desea.

Rinde de 4 a 6 porciones

Bacalao Boston Horneado

½ taza de pan molido sazonado
1 cucharadita de ralladura de cáscara de limón
1 cucharadita de pimentón
1 cucharadita de eneldo seco
3 cucharadas de harina de trigo
2 claras de huevo
1 cucharada de agua
675 g de filetes de bacalao o de roughy anaranjado, cortados en 6 piezas (de 115 g cada una)
2 cucharadas de mantequilla, derretida
Salsa Tártara (receta más adelante)
Gajos de limón

1. Caliente el horno a 200 °C. Rocíe un molde de 38×25 cm con aceite en aerosol. Combine el pan, la cáscara de limón, el pimentón y el eneldo en un tazón poco profundo o en un molde para pay. Ponga la harina en una bolsa de plástico. Bata las claras de huevo y el agua en otro recipiente poco profundo.

2. Agregue el pescado, un filete a la vez, en la bolsa. Selle la bolsa; voltéela para cubrir ligeramente el pescado con harina. Retire el pescado; sumérjalo en la mezcla de huevo; escurra el exceso. Empanice el pescado. Acomode en el molde. Repita esto con los demás filetes. Bañe el pescado con la mantequilla derretida. Hornee de 15 a 18 minutos o hasta que el pescado se desmenuce al tocarlo con un tenedor.

3. Mientras tanto, prepare la Salsa Tártara. Sirva el pescado con gajos de limón y Salsa Tártara. *Rinde 6 porciones*

Salsa Tártara

½ taza de mayonesa
¼ de taza de pepinillos en salmuera picados
2 cucharaditas de mostaza Dijon
¼ de cucharadita de salsa picante (opcional)

Combine todos los ingredientes en un tazón; revuelva bien.

Rinde ⅔ de taza

Tortitas Baltimore de Cangrejo

450 g de carne de cangrejo, limpia y desmenuzada
1 taza de pan molido
2 huevos, ligeramente batidos
¼ de taza de cebollín picado
¼ de taza de perejil fresco picado
¼ de taza de mayonesa
2 cucharadas de jugo fresco de limón
1 cucharadita de salsa picante verde
¼ de cucharadita de sal
Pimienta negra
¼ de taza de aceite vegetal
2 cucharadas de mantequilla
Gajos de limón

1. Combine el cangrejo, ¼ de taza de pan molido, los huevos, los cebollines, el perejil, la mayonesa, el jugo de limón, la salsa, la sal y la pimienta al gusto, en un recipiente; revuelva bien. Forme con la mezcla 12 tortitas, de ¼ de taza cada una.

2. Coloque el pan molido restante en un recipiente poco profundo. Empanice ligeramente las tortitas. Póngalas en un plato; tape y refrigere de 30 minutos a 1 hora.

3. Caliente el aceite y la mantequilla en una sartén grande, a fuego medio, hasta que se derrita la mantequilla. Cueza las tortitas de 3 a 4 minutos o hasta que se doren por la parte de abajo. Voltéelas y cueza 3 minutos o hasta que se doren del otro lado y la temperatura interna alcance 76 °C. Sirva de inmediato con gajos de limón.

Rinde 12 tortitas de cangrejo

Ensalada de Camarón Asado con Vinagreta Caliente de Tocino

Tiempo de Preparación: 10 minutos • **Tiempo de Cocción:** 5 minutos

4 tiras de tocino (beicon), picado
½ taza de aderezo de vinagreta para ensalada
⅓ de taza de mostaza Dijon con miel
2 cucharadas de agua
8 tazas de ensalada verde
1 taza de pimiento morrón amarillo en cubos
1 taza de tomates cherry, en mitades
½ taza de piñones
450 g de camarón jumbo crudo, pelado pero con colas

1. Dore el tocino en una sartén grande. Revuelva el aderezo, la mostaza y el agua; mantenga caliente a fuego muy bajo.

2. Coloque la ensalada verde, los pimientos, los tomates y los piñones en un tazón; revuelva. Acomode en platos.

3. Cueza el camarón en una parrilla eléctrica o en un asador por 3 minutos o hasta que se torne rosado. Acomode en los platos con ensalada. Sirva con el aderezo. *Rinde 4 porciones*

*Consejo

Para pelar el camarón, quite las patitas tirando de ellas para separarlas del caparazón. Afloje el caparazón con los dedos y saque el camarón.

Cacerola de Tallarines con Atún

Tiempo de Preparación: 10 minutos • **Tiempo de Cocción:** 11 minutos

- **1 lata (300 ml) de crema condensada de champiñones**
- **1 taza de leche**
- **3 tazas de tornillo de pasta cocida caliente (2 tazas sin cocer)**
- **1 lata (375 g) de atún en agua, escurrido y desmenuzado**
- **1⅓ tazas de cebollas fritas**
- **1 bolsa (285 g) de chícharos (guisantes) y zanahorias congelados**
- **½ taza (60 g) de queso cheddar o parmesano rallado**

Instrucciones para Microondas

Combine la crema y la leche en un recipiente poco profundo para microondas, de 2 litros de capacidad. Agregue y revuelva la pasta, el atún, ⅔ *de taza* de cebollas, las verduras y el queso. Tape y hornee a temperatura ALTA por 10 minutos* o hasta que esté caliente; revuelva a la mitad del tiempo de cocción. Corone con los ⅔ *de taza* restantes de cebollas. Hornee por 1 minuto más o hasta que se doren las cebollas.

Rinde 6 porciones

U hornee, tapado, a 180 °C, de 25 a 30 minutos.

*Consejo

Adorne con pimiento picado y ramitas de perejil, si lo desea.

Pescado a la Parrilla con Salsa de Mantequilla y Limón

Aceite en aerosol
6 cucharadas de mantequilla o margarina
3 cucharadas de perejil fresco finamente picado
1 cucharadita de ralladura de cáscara de limón
½ cucharadita de sal
½ cucharadita de romero seco
6 filetes de pescado (de 180 g cada uno), como mero, cubera o cualquier pescado blanco
3 limones medianos, en mitades

1. Rocíe la parrilla con aceite en aerosol. Caliéntela a fuego medio-alto.

2. Combine la mantequilla, el perejil, la ralladura, la sal y el romero en un recipiente.

3. Rocíe el pescado con aceite en aerosol; colóquelo en la parrilla. Ase, sin tapar, por 3 minutos. Voltee el pescado y ase de 2 a 3 minutos más o hasta que se opaque en el centro.

4. Para servir, exprima 1 mitad de limón en cada filete. Corone con la salsa de mantequilla. *Rinde 6 porciones*

Sopa Manhattan de Almeja

¼ **de taza de tocino (beicon) picado**
1 **taza de cebolla picada**
½ **taza de zanahorias picadas**
½ **taza de apio picado**
2 **latas (de 420 g cada una) de tomates picados, sin escurrir**
1 **lata (225 ml) de salsa de tomate**
1 **botella (225 ml) de jugo de almeja**
1 **hoja grande de laurel**
½ **cucharadita de romero fresco picado**
⅛ **de cucharadita de pimienta**
2 **latas (de 195 g cada una) de almejas picadas, sin escurrir**

1. Saltee el tocino con la cebolla, las zanahorias y el apio en una olla.

2. Agregue los tomates con su jugo y los ingredientes restantes, excepto las almejas. Deje hervir. Reduzca el fuego; hierva por 15 minutos. Añada las almejas y su jugo.

3. Caliente por 5 minutos más. Retire la hoja de laurel antes de servir.

Rinde 6½ tazas

Instrucciones para Microondas: Combine el tocino, la cebolla, la zanahoria y el apio en un recipiente para microondas de 2 litros de capacidad. Hornee a temperatura ALTA (100%) por 5 minutos. Agregue el resto de los ingredientes, excepto las almejas. Hornee a temperatura ALTA (100%) durante 5 minutos. Añada las almejas y el jugo. Hornee a temperatura ALTA (100%) por 5 minutos. Retire la hoja de laurel antes de servir.

Paquetes de Huachinango, Champiñones y Aceitunas

285 g de champiñones blancos chicos frescos, en mitades (3½ tazas)
1½ tazas de tomates picados (2 medianos)
½ taza de aceitunas negras sin hueso
¼ de taza de vino blanco seco
2 cucharadas de aceite de oliva
2 cucharaditas de ajo picado (2 dientes grandes)
1 cucharadita de tomillo seco machacado
½ cucharadita de sal
¼ de cucharadita de pimienta negra molida
450 g de filetes de huachinango o lenguado

Caliente el asador o el horno a 220 °C. En un tazón, combine los champiñones, los tomates, las aceitunas, el vino, el aceite, el ajo, el tomillo, la sal y la pimienta. Corte un rectángulo de papel de aluminio grueso, de 30×60 cm. Coloque los filetes en el centro, superponiéndolos un poco; corone con la mezcla de champiñones. Junte los lados largos del aluminio y dóblelos para asegurarlos; doble los extremos para sellar, y deje espacio para la circulación interna del vapor. Ase u hornee por 25 minutos. Abra los extremos del paquete para dejar escapar el vapor, y luego ábralo.

Rinde 4 porciones

Colas de Langosta con Mantequillas de Sabores

**Mantequilla Picante, Mantequilla a la Cebolla y
Mantequilla a la Mostaza (recetas más adelante)
4 colas de langosta, frescas (de 150 g cada una)**

Prepare el asador para cocción directa. Prepare la mantequilla que desee. Enjuague las langostas con agua fría. Abra las colas en forma de mariposa, haciendo un corte a lo largo del centro del caparazón y la carne. Corte, sin atravesar, hasta el fondo de los caparazones. Con los dedos, separe las mitades de caparazón. Barnice la carne con la mezcla de mantequilla. Coloque las langostas en el asador, con la carne hacia abajo. Ase, sin tapar, por 4 minutos. Voltee las langostas. Barnice con la mantequilla; ase de 4 a 5 minutos o hasta que la carne se torne opaca.Caliente la mezcla de mantequilla restante; revuelva de vez en cuando. Sírvala como dip.

Rinde 4 porciones

Mantequillas de Sabores

Mantequilla Picante
- **⅓ de taza de mantequilla, derretida**
- **1 cucharada de cebolla picada**
- **2 a 3 cucharadas de salsa picante**
- **1 cucharadita de tomillo seco**
- **¼ de cucharadita de pimienta inglesa molida**

Mantequilla a la Cebolla
- **⅓ de taza de mantequilla, derretida**
- **1 cucharada de cebollines finamente picados**
- **1 cucharada de jugo de limón**
- **1 cucharadita de ralladura de cáscara de limón**
- **¼ de cucharadita de pimienta negra**

Mantequilla a la Mostaza
- **⅓ de taza de mantequilla, derretida**
- **1 cucharada de cebolla picada**
- **1 cucharada de mostaza Dijon**
- **1 cucharada de chile en polvo**

Para cada salsa de mantequilla, combine los ingredientes en un tazón.

Hamburguesas de Salmón

1 lata (400 g) de salmón rojo, escurrido y sin espinas
1 clara de huevo
2 cucharadas de germen de trigo tostado
1 cucharada de cebolla seca
1 cucharada de alcaparras, escurridas
½ cucharadita de tomillo seco
¼ de cucharadita de pimienta negra
   Aceite en aerosol
4 bollos integrales, abiertos
2 cucharadas de mostaza Dijon
4 rebanadas de tomate
4 rebanadas delgadas de cebolla morada _u_ 8 rebanadas de pepinillos
4 hojas de lechuga

1. Coloque el salmón en un recipiente; quite la piel y desmenúcelo. Agregue la clara de huevo, el germen, la cebolla, las alcaparras, el tomillo y la pimienta; revuelva bien.

2. Divida la mezcla en 4 porciones y haga tortitas con cada una. Colóquelas en un plato; tape con plástico y refrigere por 1 hora o hasta que estén firmes.

3. Rocíe una sartén con aceite en aerosol. Cueza las tortitas a fuego medio durante 5 minutos por lado.

4. Unte cada mitad de bollo con mostaza. Ponga las tortitas en las mitades inferiores de los panes; corone con las rebanadas de tomate y de cebolla, y las hojas de lechuga; tape con las otras mitades de pan.

Rinde 4 porciones

*Consejo

El salmón rojo, de textura firme, es más caro que el salmón rosa. Aunque ambas variedades sirven para esta receta, el contenido alto de grasa del salmón rojo hace que las hamburguesas sean más jugosas.

Cóctel de Camarón a la Piña-Jengibre

9 rebanadas largas de piña fresca
¼ de taza de mermelada de chabacano (albaricoque)
1 cucharada de cebolla finamente picada
½ cucharadita de jengibre fresco molido
⅛ de cucharadita de pimienta negra
225 g de camarón mediano cocido (unos 30)
1 pimiento morrón rojo o verde, descorazonado y en 12 tiras

1. Corte 3 rebanadas de piña en trozos de un bocado; combínelos con la mermelada, la cebolla, el jengibre y la pimienta en un recipiente.

2. Acomode el camarón, las tiras de pimiento y las rebanadas de piña restantes en 6 platos. Corone con la mezcla de piña.   *Rinde 6 porciones*

Bollos de Langosta

450 g de carne de langosta cocida
¾ de taza de yogur natural bajo en grasa
¼ de taza de mayonesa
1 taza de apio, en cuadros chicos
¾ de cucharadita de estragón fresco picado
6 bollos para hot dog
Sal y pimienta al gusto

Corte la carne en trozos de 1.5 cm y colóquelos en un tazón. Agregue el yogur, la mayonesa, el apio y el estragón. Revuelva bien. Tueste el pan. Con una cuchara, ponga trozos de langosta en los panes y sirva de inmediato. Asegúrese de refrigerar el relleno restante.

Rinde 6 porciones

Cacerola de Mariscos

1 lata (300 g) de crema condensada de camarón, sin diluir
½ taza de leche y crema a partes iguales
1 cucharada de jerez seco
¼ de cucharadita de pimienta roja molida
3 tazas de arroz cocido
2 latas (de 180 g cada una) de carne de cangrejo, limpia y escurrida
225 g de camarón crudo mediano, pelado y desvenado
225 g de vieiras crudas
1 frasco (120 g) de pimientos, escurridos y picados
¼ de taza de perejil fresco picado

1. Caliente el horno a 180 °C. Rocíe un refractario de 2½ litros de capacidad con aceite en aerosol.

2. Mezcle la crema, la leche con crema, el jerez y la pimienta en un recipiente. Agregue el arroz, el cangrejo, el camarón, las vieiras y los pimientos; revuelva bien.

3. Transfiera la mezcla al refractario. Tape y hornee por 25 minutos o hasta que los camarones y las vieiras estén opacos. Espolvoree con perejil antes de servir. *Rinde 6 porciones*

*Consejo

Cuando compre las vieiras, seleccione las de un color blanco cremoso, una textura brillante y un olor suave. Las vieiras demasiado blancas han estado remojadas en agua y no serán una buena compra. Para garantizar su frescura, las vieiras deben usarse, como máximo, un día después de la compra.

Strata de Cangrejo

¼ de taza (½ barra) de mantequilla o margarina, derretida
4 tazas de croutones sin sazonar
2 tazas (225 g) de queso cheddar rallado
2 tazas de leche
8 huevos, batidos
½ cucharadita de mostaza seca
½ cucharadita de sazonador para mariscos
 Sal y pimienta negra
450 g de carne de cangrejo, limpia y desmenuzada

1. Caliente el horno a 160 °C. Vierta la mantequilla en un refractario de 28×18 cm. Distribuya los croutones sobre la mantequilla derretida. Corone con el queso.

2. Combine la leche, los huevos, la mostaza, el sazonador, la sal y la pimienta; revuelva bien. Vierta los huevos sobre el queso; ponga encima la carne. Hornee por 50 minutos o hasta que la mezcla esté lista. Retire del horno y deje reposar durante unos 10 minutos antes de servir.

Rinde de 6 a 8 porciones

Bollo Wasabi de Cangrejo

2 latas (de 180 g cada una) de carne de cangrejo,* limpia y escurrida
½ taza de mayonesa light con wasabi
¼ de taza de mostaza oscura
½ taza de apio finamente picado
2 cucharadas de pepinillos en salmuera
4 bollos para hot dog, abiertos y tostados

*Consejo: Puede sustituir el cangrejo por 1½ tazas de imitación de cangrejo o de camarón cocido picado.

1. Mezcle el cangrejo, la mayonesa, la mostaza, el apio y el pepinillo en un recipiente, hasta que se incorporen.

2. Rellene los bollos forrados con lechuga.
Rinde 4 porciones

Cremosa Sopa de Mariscos

1 litro (4 tazas) de leche y crema a partes iguales

2 latas (de 420 g cada una) de papas (patatas) blancas, escurridas y en cubos

2 latas (300 ml) de crema condensada de champiñón, sin diluir

1 bolsa (450 g) de papas hash brown, descongeladas

1 cebolla mediana picada

½ taza (1 barra) de mantequilla, en trozos chicos

1 cucharadita de sal

1 cucharadita de pimienta negra

5 latas (de unos 225 g cada una) de ostiones enteros, enjuagados y escurridos

2 latas (de unos 180 g cada una) de almejas picadas

2 latas (de unos 120 g cada una) de cóctel de camarón, enjuagado y escurrido

Instrucciones para Cocción Lenta

1. Combine la leche con crema, las papas, la crema de champiñón, las papas hash brown, la cebolla, la mantequilla, la sal y la pimienta en una olla de cocción lenta de 5 o 6 litros. Revuelva bien.

2. Agregue los ostiones, las almejas y el camarón; revuelva bien.

3. Tape y cueza a temperatura BAJA por 4 o 5 horas.

Rinde de 8 a 10 porciones

Salmón a la Parrilla Niçoise

Tiempo de Preparación: 10 minutos • **Tiempo de Cocción:** 5 minutos

½ taza de mayonesa light con wasabi
⅓ de taza de yogur natural bajo en grasa
1 cucharada de eneldo fresco picado
4 filetes de salmón (unos 675 g en total), de 10×5×2.5 cm cada uno
Sal y pimienta
1 lechuga Boston o roja, lavada y trozada
2 tazas de floretes de coliflor, blanqueados
1 taza de tirabeques (vainas)
1 manojo de rábanos, lavados, sin tallos y en cuartos
½ taza de aceitunas sin hueso curadas en aceite

1. Combine la mayonesa, el yogur y el eneldo en un tazón.

2. Sazone el salmón con sal y pimienta al gusto. Ase en la parrilla caliente por 5 minutos o hasta que el pescado esté opaco en el centro.

3. Acomode el resto de los ingredientes en un platón. Ponga los filetes encima. Sirva con el aderezo. *Rinde 4 porciones*

*Consejo

Para blanquear las verduras, cuézalas de 1 a 2 minutos en agua hirviente. De inmediato, escúrralas y enjuáguelas con agua fría, o enfríelas en agua con hielo y luego escúrralas.

**Sencilla Ensalada de Pasta
Veraniega (p. 60)**

**Calzones Fáciles
(p. 42)**

Pasta Orzo con Camarón
(p. 48)

Frutti di Mare
(p. 58)

Cocina **Italiana**

Salsa Roja de Almeja con Verduras

2 tazas de champiñones frescos rebanados
1 lata (420 g) de tomates estofados sin sal, sin escurrir
1 taza de pimiento morrón verde picado
1 lata (225 g) de salsa de tomate sin sal
½ taza de cebolla picada
1½ cucharaditas de albahaca seca
¾ de cucharadita de salvia seca
½ cucharadita de cucharadita de pimienta negra
1 calabaza amarilla chica, en mitades y en rebanadas
2 latas (de 195 g cada una) de almejas picadas, escurridas; reserve el líquido
2 cucharadas de fécula de maíz
3 tazas de espagueti cocido caliente

1. Combine los champiñones, los tomates con su jugo, el pimiento, la salsa de tomate, la cebolla, la albahaca, la salvia y la pimienta en una olla. Deje hervir a fuego medio-alto. Reduzca el fuego a medio. Tape y cueza de 5 a 6 minutos o hasta que las verduras estén cocidas.

2. Agregue la calabaza y las almejas. Mezcle ½ taza del líquido de las almejas y la fécula de maíz. Añada a la olla. Cueza a fuego medio, y revuelva hasta que hierva y se espese. Cueza y revuelva por 2 minutos más. Sirva sobre el espagueti. *Rinde 4 porciones*

Pasta con Mariscos

½ **taza de aceite de oliva**
450 g de espárragos, en trozos de 2.5 cm
1 taza de cebollines picados
5 cucharaditas de ajo picado
1 paquete (unos 450 g) de linguine, cocido y escurrido
450 g de camarón mediano, pelado, desvenado y cocido
1 paquete (225 g) de imitación de carne de cangrejo
1 paquete (225 g) de imitación de langosta
1 lata (225 g) de aceitunas negras rebanadas, escurridas

1. Caliente el horno a 180 °C. Rocíe una olla de 4 litros de capacidad con aceite en aerosol. Caliente el aceite en una sartén a fuego medio. Agregue los espárragos, el cebollín y el ajo; cueza y revuelva hasta que se suavicen.

2. Combine la mezcla de espárragos, el linguine, los mariscos y las aceitunas en la olla. Hornee por 30 minutos o hasta que todo esté bien caliente.

Rinde 6 porciones

Sopa Italiana de Pescado

1 filete de merluza o hipogloso (unos 120 g)
1 taza de salsa con carne para pasta
¾ **de taza de consomé de pollo con poca sal**
1 cucharadita de sazonador italiano
¾ **de taza de conchas de pasta chicas sin cocer**
1½ **tazas de verduras congeladas**

1. Retire la piel del pescado. Corte el pescado en trozos de 2.5 cm. Tape y refrigere hasta el momento de usarlo.

2. Combine la salsa, el consomé, ¾ de taza de agua y el sazonador en una olla. Deje hervir. Añada la pasta. Vuelva a hervir. Reduzca el fuego y hierva, tapado, por 5 minutos.

3. Incorpore el pescado y las verduras. Vuelva a hervir. Reduzca el fuego y hierva, tapado, de 4 a 5 minutos, o hasta que el pescado se desmenuce con facilidad cuando lo toque con un tenedor.

Rinde 2 porciones

Calzones Fáciles

Tiempo de Preparación: 25 minutos

1 lata (285 g) de pasta para pizza lista para usar
1 paquete (285 g) de espinaca picada, descongelada
1 lata (210 g) de atún en agua
1 taza de tomates picados
2 latas (de 120 g cada una) de champiñones rebanados, escurridos
1 taza de queso mozzarella o cheddar rallado
1 cucharadita de sazonador italiano u orégano seco
1 cucharadita de albahaca seca
¼ de cucharadita de ajo en polvo
Aceite vegetal
Harina de maíz (opcional)
1 lata (225 g) de salsa para pizza

1. Caliente el horno a 220 °C. Desenrolle la pasta en una superficie de trabajo enharinada; córtela en 2 piezas iguales. Haga con cada pieza un círculo de 30 cm.

2. Exprima todo el líquido de las espinacas; píquelas finamente. Sobre la mitad inferior de cada círculo de masa, distribuya la espinaca, el atún, los tomates, los champiñones, el queso, los sazonadores; deje libre una orilla de 2.5 cm. Doble la mitad superior de la masa sobre el relleno y deje sin cubrir la orilla inferior. Humedezca ligeramente con agua esa orilla; luego, dóblela sobre la orilla superior; selle con los dedos o aplanando con un tenedor. Barnice la parte superior con un poco de aceite; espolvoree con harina de maíz, si gusta. Ponga los 2 calzones rellenos en una charola sin engrasar; hornee de 25 a 30 minutos, o hasta que se doren.

3. Mientras tanto, en una olla, caliente la salsa para pizza. Para servir, corte cada calzone por la mitad a lo ancho. Vierta encima la salsa.

Rinde 4 porciones

Lasaña de Mariscos

1 paquete (450 g) de tiras de lasaña
2 cucharadas de mantequilla o margarina
1 cebolla grande, finamente picada
1 paquete (225 g) de queso crema, en trozos de 1.5 cm, suavizado
1½ tazas de queso cottage
2 cucharaditas de albahaca seca
½ cucharadita de sal
⅛ de cucharadita de pimienta negra
1 huevo, ligeramente batido
2 latas (de 300 ml cada una) de crema condensada de champiñones, sin diluir
⅓ de taza de leche
1 diente de ajo picado
225 g de vieiras, enjuagadas y secas
225 g de filetes de lenguado, enjuagados, secos y en cubos de 1.5 cm
225 g de camarón mediano crudo, pelado y desvenado
½ taza de vino blanco seco
1 taza (120 g) de queso mozzarella rallado
2 cucharadas de queso parmesano rallado

1. Cueza las tiras de lasaña según las instrucciones del empaque; escúrralas.

2. Derrita la mantequilla en una sartén a fuego medio. Cueza la cebolla hasta que se suavice; revuelva con frecuencia. Agregue el queso crema, el cottage, la albahaca, la sal y la pimienta; revuelva bien. Añada el huevo.

3. Combine la crema, la leche y el ajo en un tazón; revuelva bien. Incorpore las vieiras, el pescado, el camarón y el vino.

4. Caliente el horno a 180 °C. Engrase un refractario de 33×23 cm. Ponga una capa de lasaña en el refractario, superponiendo las tiras. Unte encima la mitad de la mezcla de queso. Ponga otra capa de lasaña sobre el queso, y encima, una capa de la mezcla de mariscos. Repita las capas. Espolvoree con los quesos mozzarella y parmesano.

5. Hornee por 45 minutos o hasta que burbujee. Deje reposar por 10 minutos antes de cortar. *Rinde de 8 a 10 porciones*

Fettuccine con Almejas

1 paquete (180 g) de fettuccine con salsa de queso crema
¾ de taza de leche
1 lata (195 g) de almejas picadas, sin escurrir
¼ de taza (30 g) de queso parmesano rallado
1 cucharadita de hojuelas de perejil
1 lata (120 g) de champiñones enteros, escurridos
2 cucharadas de pimiento picado
1⅓ tazas de cebollas fritas

Caliente el horno a 190 °C. En una olla, cueza la pasta según las instrucciones del empaque; escúrrala. Regrese la pasta caliente a la olla; agregue la salsa del paquete, la leche, las almejas sin escurrir, el queso, el perejil, los champiñones, el pimiento y ⅔ *de taza* de cebollas. Caliente por 3 minutos o hasta que burbujee. Coloque todo en un refractario de 25×15 cm. Hornee, tapado, a 190 °C por 30 minutos o hasta que se espese. Ponga los ⅔ *de taza* restantes de cebollas alrededor del refractario; hornee, sin tapar, por 3 minutos o hasta que se doren las cebollas.

Rinde 4 porciones

Instrucciones para Microondas: Prepare la mezcla de pasta como se indica; vierta en un refractario de 25×15 cm. Cueza, tapado, a temperatura ALTA, de 4 a 6 minutos o hasta que esté bien caliente. Corone con las cebollas restantes; sin tapar, caliente durante 1 minuto. Deje reposar por 5 minutos.

Horneado Siciliano de Pescado y Arroz

Tiempo de Preparación: 6 minutos • Tiempo de Cocción: 58 minutos • Tiempo de Reposo: 5 minutos

3 cucharadas de aceite de oliva o vegetal
¾ de taza de cebolla picada
½ taza de apio picado
1 diente de ajo picado
½ taza de arroz blanco de grano largo sin cocer
2 latas (420 g) de tomates picados, sin escurrir
1 cucharadita de sal
1 cucharadita de pimienta negra molida
½ cucharadita de azúcar granulada
⅛ de cucharadita de pimienta de Cayena
450 g de pescado blanco firme
¼ de taza de perejil fresco finamente picado

1. Caliente el aceite en una sartén. Agregue la cebolla y el ajo; saltee de 2 a 3 minutos o hasta que las verduras estén suaves.

2. Agregue el arroz; saltee por 5 minutos o hasta que se dore. Añada los tomates sin escurrir, la sal, la pimienta negra, el azúcar y la pimienta de Cayena; revuelva bien.

3. Ponga el pescado en un refractario engrasado de 30×19 cm. Distribuya encima la mezcla de arroz; cubra con papel de aluminio.

4. Hornee a 200 °C de 45 a 50 minutos o hasta que el arroz esté listo. Deje reposar por 5 minutos antes de servir. Espolvoree con perejil.

Rinde 6 porciones

Pasta Orzo con Camarón

225 g de pasta orzo (lengüita) sin cocer
3 cucharadas más ½ cucharadita de aceite de oliva
3 dientes de ajo picados
565 g de camarón chico crudo, pelado y desvenado
1½ tomates medianos picados
2 cucharadas de cilantro fresco picado
2 cucharadas de perejil italiano fresco picado
Jugo de 1 limón
60 g de queso feta, desmoronado
Sal y pimienta negra recién molida

Cueza la pasta según las instrucciones del empaque hasta que esté al dente (suave pero aún firme). Escúrrala. Revuelva con ½ cucharadita de aceite. Caliente las 3 cucharadas restantes de aceite en una sartén a fuego medio. Agregue el ajo; cueza de 2 a 3 minutos o hasta que se dore. Añada el camarón; cueza de 3 a 5 minutos o hasta que se opaque. *(No cueza de más.)* Incorpore la pasta. Agregue los tomates, el cilantro, el perejil y el limón. Espolvoree con queso. Sazone al gusto con sal y pimienta.

Rinde 4 porciones

*Consejo

La palabra orzo actualmente significa cebada, aun cuando por su forma se parece más al arroz. La puede encontrar en la sección de pastas del supermercado.

Salsa Primavera con Alcachofa y Camarón

Tiempo de Preparación: 12 minutos • **Tiempo de Cocción:** 12 minutos

2 cucharadas de aceite de oliva
1 taza de zanahorias picadas
1 taza de apio picado
1 cebolla chica picada
3 dientes de ajo finamente picados
1 lata (840 g) de tomates machacados con hierbas italianas
½ cucharadita de sal
¼ de cucharadita de pimienta negra molida
225 g de camarón mediano crudo, pelado y desvenado
1 taza de corazones de alcachofa rebanados, escurridos
Albahaca fresca picada (opcional)

1. Caliente el aceite en una sartén a fuego alto. Agregue las zanahorias, el apio, la cebolla y el ajo. Cueza de 4 a 5 minutos o hasta que las zanahorias estén crujientes y cocidas.

2. Añada los tomates, la sal y la pimienta. Deje hervir. Incorpore el camarón y las alcachofas. Cueza de 2 a 3 minutos o hasta que el camarón se torne rosado.

3. Reduzca el fuego a bajo; hierva por 2 minutos para combinar los sabores. Espolvoree con albahaca. Sirva sobre pasta caliente o arroz, si lo desea. *Rinde 6 porciones*

Pasta Pelo de Ángel con Salsa de Mariscos

225 g de pescado blanco firme, como corvina, pescado monje o mero
2 cucharaditas de aceite de oliva
½ taza de cebolla picada
2 dientes de ajo picados
1.350 kg de tomates frescos, sin semillas y picados
¼ de taza de albahaca fresca picada
2 cucharadas de orégano fresco picado
1 cucharadita de hojuelas de pimienta roja
½ cucharadita de azúcar
2 hojas de laurel
225 g de vieras frescas u ostiones
225 g de pasta pelo de ángel sin cocer
2 cucharadas de perejil fresco picado

1. Corte el pescado en trozos de 2 cm.

2. Caliente el aceite en una sartén a fuego medio; agregue la cebolla y el ajo. Caliente por 3 minutos o hasta que se suavice la cebolla. Reduzca el fuego a bajo; agregue los tomates, la albahaca, el orégano, la pimienta, el azúcar y las hojas de laurel. Cueza, sin tapar, por 15 minutos; revuelva de vez en cuando.

3. Añada el pescado y las vieiras. Cueza, sin tapar, de 3 a 4 minutos o hasta que el pescado se desmenuce fácilmente al tocarlo con un tenedor y las vieiras se opaquen. Retire y deseche las hojas de laurel.

4. Cueza la pasta según las instrucciones del empaque; omita la sal. Escúrrala bien.

5. Combine la pasta con la salsa de mariscos en un tazón; revuelva bien. Espolvoree con perejil. Sirva de inmediato. *Rinde 6 porciones*

Huachinango a la Mantequilla

Tiempo de Preparación y Cocción: 12 minutos

¼ **de taza (½ barra) de mantequilla o margarina, suavizada**
1 cucharada de vino blanco
1½ **cucharaditas de ajo picado**
½ **cucharadita de ralladura de cáscara de limón**
⅛ **de cucharadita de pimienta negra**
675 g de filetes de huachinango o mero (de unos 120 a 150 g cada uno)

1. Caliente el horno a 220 °C. Combine la mantequilla, el vino, el ajo, la ralladura y la pimienta en un tazón; revuelva bien.

2. Coloque el pescado en un refractario forrado con papel de aluminio. Bañe con la mantequilla sazonada. Hornee de 10 a 12 minutos o hasta que el pescado se desmenuce fácilmente al tocarlo con un tenedor.

Rinde 4 porciones

*Consejo

Sirva el pescado sobre ensalada verde o arroz cocido caliente, si gusta. O agregue zanahorias ralladas, calabaza y tiras delgadas chicas de pimiento al pescado del refractario, para una fácil guarnición de verduras.

Vieiras con Linguine y Espinaca

2 a 3 cucharadas de aceite de oliva
1½ tazas de cebolla finamente picada
1 taza de pimiento morrón rojo rebanado
2 cucharadas de ajo picado
⅛ a ¼ de cucharadita de pimienta roja molida
⅓ de taza de jugo fresco de limón
1 cucharada de azúcar morena
1 cucharada de cáscara de limón picada
1 cucharadita de sal
1 cucharadita de pimienta negra
340 g de linguine cocido
1 bolsa (285 g) de espinacas picadas, descongeladas y escurridas
675 g de vieiras cocidas
⅓ de taza de queso feta, en moronas grandes

1. Caliente el aceite en una sartén a fuego medio-bajo. Agregue la cebolla, el pimiento, el ajo y la pimienta; cueza, sin tapar, por unos 10 minutos hasta que se suavice. Añada el jugo de limón, el azúcar, la cáscara de limón, la sal y la pimienta; cueza por 1 minuto.

2. Mientras prepara la mezcla de cebolla, cueza la pasta hasta que esté suave, de 8 a 10 minutos. Un minuto antes de que esté lista, agregue la espinaca. Escurra la pasta y la espinaca, y páselas a un tazón caliente. Vierta la mezcla de cebolla y revuelva. Pruebe y ajuste la sazón. Agregue las vieiras cocidas y calientes a la pasta, y espolvoree con el queso.

Rinde 4 porciones

Fettuccine con Camarón

Tiempo de Preparación y Cocción: 20 minutos

120 g de fettuccine de huevo o de espinaca
225 g de camarón mediano crudo, pelado y desvenado
1 diente de ajo picado
1 cucharada de aceite de oliva
1 lata (420 g) de tomate con albahaca, ajo y orégano
½ taza de crema batida
¼ de taza de cebollines rebanados

1. Cueza la pasta según las instrucciones del empaque; escúrrala.

2. Cueza el camarón y el ajo en el aceite, en una sartén a fuego medio-alto, hasta que el camarón se torne rosado y se opaque.

3. Agregue los tomates sin escurrir; hierva por 5 minutos. Incorpore la crema y el cebollín; caliente bien. No deje hervir. Sirva sobre la pasta caliente. *Rinde de 3 a 4 porciones*

*Consejo

Los camarones se venden por tamaños. Los más comunes son jumbo (11 a 15 por cada 450 g), grande (21 a 30), mediano (31 a 35) y chico (36 a 45).

Frutti di Mare

Tiempo de Preparación: 20 minutos • **Tiempo de Cocción:** 35 minutos

¼ **de taza de aceite de oliva**
6 champiñones grandes picados (unos 120 g)
1 cebolla grande picada
2 dientes de ajo finamente picados
1 frasco (735 g) de salsa para pasta
½ **taza de consomé de pollo**
⅓ **de taza de jugo de limón**
1 docena de almejas chicas, bien lavadas
1 docena de mejillones, bien lavados
1 langosta (de unos 565 g), en trozos de 5 cm
450 g de vieiras
1 paquete (450 g) de espagueti, cocido y escurrido

1. En una olla, caliente el aceite a fuego medio-alto y cueza los champiñones, la cebolla y el ajo, revolviendo de vez en cuando, por 5 minutos o hasta que se suavicen. Agregue la salsa, el consomé y el jugo de limón. Deje hervir a fuego alto.

2. Reduzca el fuego y hierva, tapado, revolviendo de vez en cuando, por 20 minutos. Agregue las almejas y los mejillones; hierva, tapado, por 5 minutos o hasta que se abran. Retírelos conforme se vayan abriendo. (Deseche las almejas o los mejillones que no se abran.) Añada la langosta y las vieiras; hierva por 3 minutos o hasta que se cuezan. Para servir, acomode los mariscos sobre el espagueti caliente y corone con salsa. Si lo desea, espolvoree con perejil picado.   *Rinde 8 porciones*

Sencilla Ensalada de Pasta Veraniega

225 g de corbata de pasta sin cocer
2 tomates grandes, sin semillas y picados
1 paquete (225 g) de queso mozzarella fresco, en trozos de 1.5 cm
1 lata (180 g) de atún en agua, escurrido
⅓ de taza de albahaca fresca poco picada
1 diente de ajo picado
¾ de taza de aderezo italiano para ensalada
Pimienta negra

1. Cueza la pasta según las instrucciones del empaque; escúrrala.

2. Combine los tomates, el queso, el atún, la albahaca y el ajo en un tazón; revuelva bien. Agregue la pasta y el aderezo; revuelva sólo para bañar. Sazone al gusto con pimienta. Refrigere antes de servir.

Rinde de 6 a 8 porciones

Sartén de Camarones

Tiempo de Preparación: 5 minutos • **Tiempo de Cocción:** 3 a 5 minutos

2 cucharaditas de aceite de oliva
900 g de camarón sin cocer, pelado y desvenado
⅔ de taza de marinada de ajo con hierbas
¼ de taza de cebollín finamente picado

En una sartén antiadherente, caliente el aceite a fuego medio. Agregue el camarón y la marinada. Cueza, revolviendo con frecuencia, hasta que el camarón se torne rosado, de 3 a 5 minutos. Añada el cebollín.

Rinde de 4 a 6 porciones

Idea Nutricional: Sirva con arroz, orzo o su pasta favorita, caliente.

Sugerencias para Servir: Este platillo es excelente si se sirve frío como entremés con palillos. Sírvala fría con pasta o con ensalada verde. ¡Llévela en su próximo día de campo! También es deliciosa con marinada de lemon pepper.

**Salmón con Salsa de
Arándano-Poblano (p. 82)**

**Burritos de Camarón al Ajo
(p. 96)**

Tacos de Pescado con Salsa
Fresca (p. 94)

Filetes con Salsa Verde
(p. 76)

Sur de la Frontera

Paella Fácil

Tiempo de Preparación: 30 minutos

1 cebolla mediana picada
1 pimiento morrón rojo o verde, en rebanadas
1 diente de ajo picado
2 cucharadas de aceite vegetal
1 lata (450 g) de tomates con su jugo, picados
1 paquete (250 g) de corazones de alcachofa, en cuartos
½ taza de vino blanco seco
½ cucharadita de tomillo seco
¼ de cucharadita de sal
⅛ de cucharadita de azafrán o cúrcuma
2 tazas de arroz cocido
1 taza de chícharos (guisantes) congelados
225 g de camarón grande, pelado y desvenado
1 lata (90 g) de atún en agua

En una sartén, saltee la cebolla, el pimiento y el ajo en el aceite por 3 minutos. Agregue los tomates con su jugo, las alcachofas, el vino y los sazonadores. Deje hervir; reduzca el fuego. Hierva por 10 minutos. Agregue el arroz, los chícharos, el camarón y el atún. Cueza de 3 a 5 minutos más o hasta que el camarón se torne rosado y la mezcla esté caliente.   *Rinde 4 porciones*

Ensalada Taco de Pescado

2 tazas de hojas de lechuga romana picadas
1 pepino mediano (de unos 225 g), sin semillas y picado
⅔ de taza de tomates cherry, en mitades y sin semillas
½ taza de apio picado
¾ de taza (unos 180 g) de pescado blanco firme cocido, desmenuzado
Jugo de ½ limón
1 cucharada de aceite de oliva
¼ de cucharadita de pimienta negra
¼ de taza de crema agria
¼ de taza de salsa
1 cucharadita de azúcar
11 a 15 totopos de maíz horneados (unos 30 g)

1. Combine la lechuga, el pepino, los tomates, el apio y el pescado.

2. Revuelva el jugo de limón, el aceite y la pimienta en un tazón. Vierta sobre la ensalada y revuelva para bañarla. Divida la ensalada entre 2 platos.

3. Mezcle la crema, la salsa y el azúcar en un tazón. Vierta en el centro de cada ensalada. Coloque los totopos en trozos a los lados de la mezcla de crema.   *Rinde 2 porciones*

Quesadillas de Salmón a la Parrilla con Salsa de Pepino

Tiempo de Preparación y Cocción: 20 minutos

1 pepino mediano, pelado, sin semillas y finamente picado
½ taza de salsa roja o verde
1 filete de salmón (225 g)
3 cucharadas de aceite de oliva
4 tortillas de harina (de 25 cm), calientes
180 g de queso de cabra, desmoronado o 1½ tazas (180 g) de queso Monterrey Jack rallado
¼ de taza de chiles jalapeños en escabeche, rebanados y escurridos

1. Prepare el asador para cocción directa. Combine el pepino y la salsa en un recipiente.

2. Barnice el salmón con 2 cucharadas de aceite. Ase, tapado, con el carbón a fuego medio-alto, de 5 a 6 minutos por lado o hasta que el pescado se desmenuce con un tenedor. Páselo a un platón; desmenúcelo con un tenedor.

3. Acomode el salmón en una mitad de cada tortilla; deje libre una orilla de 2.5 cm. Espolvoree con el queso y ponga rebanadas de chile. Doble las tortillas por la mitad. Barnícelas con el aceite restante.

4. Ase las quesadillas en el carbón a fuego medio-alto hasta que se doren por ambos lados y el queso se derrita. Sirva con la Salsa de Pepino.

Rinde 4 porciones

Pescado al Limón con Salsa de Maíz y Chile

Tiempo de Preparación y Cocción: 15 minutos

4 postas de pez espada,* de 2.5 cm de grosor (unos 675 g)
1 taza de zanahorias baby, cortadas por la mitad a lo largo
2 cebollines, en trozos de 2.5 cm
3 cucharadas de jugo de limón
½ cucharadita de sal
½ cucharadita de chile en polvo
1½ tazas de tomates picados
1 taza de maíz, descongelado
1 lata (120 g) de chiles verdes picados, escurridos
2 cucharadas de cilantro fresco picado
1 cucharada de mantequilla o margarina

*Puede sustituirlo por postas de atún o hipogloso.

1. Coloque el pescado y las zanahorias en una olla lo suficientemente grande para que quepan en una capa. Agregue los cebollines, el limón, ¼ de cucharadita de sal y el chile. Agregue suficiente agua para cubrir el pescado.

2. Ponga a hervir a fuego medio. Cueza por 8 minutos o hasta que el centro del pescado empiece a desmenuzarse al tocarlo con un tenedor. Pase el pescado a platos.

3. Mientras tanto, para preparar la salsa, combine los tomates, el maíz, los chiles, el cilantro y el ¼ de cucharadita restante de sal en un tazón; revuelva bien.

4. Escurra las zanahorias y los cebollines; añada la mantequilla. Ponga en los platos; sirva con la salsa. *Rinde 4 porciones*

**Consejo

Si es posible, prepare la salsa con anticipación para que los sabores tengan más tiempo para mezclarse. No agregue sal hasta el momento de servir. Tape y refrigere la salsa hasta por 1 día antes de servir.

Tacos de Pescado con Salsa de Yogur

Salsa de Yogur

- ½ **taza de yogur natural**
- ¼ **de taza de cilantro fresco picado**
- 3 **cucharadas de crema agria**
- **Jugo de 1 limón**
- 1 **cucharada de mayonesa**
- ½ **cucharadita de comino molido**
- ¼ **de cucharadita de pimienta roja molida**
- **Sal y pimienta negra**

Tacos

- **Jugo de ½ limón**
- 2 **cucharadas de aceite de canola**
- 675 **g de filetes de hipogloso, pez espada o tilapia**
- **Sal y pimienta negra**
- 12 **tortillas de maíz o de harina**
- 3 **tazas de col rallada o de ensalada de col**
- 2 **tomates medianos picados**

1. Para la Salsa de Yogur, combine todos los ingredientes, excepto la sal y la pimienta. Sazone al gusto con sal y pimienta. Refrigere hasta el momento de servir.

2. Para preparar los tacos, rocíe la parrilla del asador con aceite en aerosol. Caliente el asador. Combine el limón y el aceite en un tazón. Unos 5 minutos antes de cocinar, barnice el pescado con la mezcla de limón y sazone con sal y pimienta. (No marine el pescado más de 5 minutos o el ácido del limón empezará a "cocer" la carne.)

3. Ase el pescado a fuego medio por 5 minutos; voltéelo y tape el asador. Cueza por 5 minutos más; retire de la parrilla. (Si el pescado se quema, rocíe la parrilla con aceite en aerosol. Ase a 10 cm de la fuente de calor por unos 5 minutos; voltee y ase por 5 minutos más o hasta que se opaque en el centro. Retire del asador.)

4. Caliente las tortillas en la parrilla a fuego medio por 10 segundos de cada lado o hasta que empiecen a inflarse y a dorarse un poco. Rellene las tortillas con el pescado. Corone con la salsa, la col y los tomates.

Rinde 6 porciones

Camarón al Chile-Limón

Tiempo de Preparación: 5 minutos • Tiempo de Cocción: 6 minutos

⅓ de taza de salsa picante chile-limón
2 cucharadas de aceite de oliva
1 cucharadita de ajo picado
450 g de camarón grande, pelado y desvenado
1 taza de pimiento morrón verde, rojo o amarillo picado
½ taza de cebolla morada picada

1. Caliente la salsa picante, el aceite y el ajo en una sartén mediana. Cueza a fuego alto hasta que burbujee; revuelva con frecuencia.

2. Agregue el camarón, el pimiento y la cebolla. Cueza y revuelva de 3 a 5 minutos hasta que el camarón se torne rosado y se cubra con la salsa. Sirva con arroz, si lo desea. *Rinde de 3 a 4 porciones*

Ensalada de Cangrejo con Chiles y Cilantro

1 taza de crema agria
1 lata (120 g) de chiles verdes en escabeche picados
½ taza de cebolla finamente picada
¼ de taza de cilantro fresco picado
2 cucharadas de jugo de limón
½ cucharadita de sal
450 g de imitación de carne de cangrejo fresca, picada
Totopos y/o galletas saladas

1. Combine la crema, los chiles, la cebolla, el cilantro, el limón y la sal en un tazón; agregue el cangrejo. Revuelva bien; tape. Enfríe durante 1 hora por lo menos.

2. Sirva con galletas o totopos, o coronando ensaladas. *Rinde 4 porciones*

Filetes con
Salsa Verde

4 cucharadas de aceite vegetal
¼ de taza de cebolla blanca picada
1 a 2 chiles jalapeños frescos,* sin semillas y finamente picados
225 g de tomatillos verdes, cocidos, escurridos y picados
2 dientes de ajo picados
¼ de cucharadita de comino molido
⅓ de taza más 1 cucharada de agua
⅓ de taza de cilantro fresco poco picado
½ cucharadita de sal
⅓ de taza de harina de trigo
⅛ de cucharadita de pimienta negra
2 cucharadas de mantequilla o margarina
675 a 900 g de filetes chicos de huachinango o lenguado

*Los chiles jalapeños pueden irritar la piel; use guantes de hule cuando los maneje y no se toque los ojos.

1. Caliente 2 cucharadas de aceite en una sartén a fuego medio. Agregue la cebolla y los chiles. Cueza por 4 minutos o hasta que se suavicen. Añada los tomatillos, el ajo y el comino. Cueza por 1 minuto.

2. Incorpore ⅓ de taza de agua, el cilantro y ¼ de cucharadita de sal. Deje hervir a fuego alto. Reduzca el fuego a bajo. Tape y hierva por 20 minutos. Licue hasta uniformar. Regrese la salsa a la sartén; retire del fuego.

3. Combine la harina, el ¼ de cucharadita restante de sal y la pimienta en un platón.

4. Caliente la mantequilla y las 2 cucharadas restantes de aceite en una sartén de 30 cm, a fuego medio-alto, hasta que se forme espuma. Enharine un poco por ambos lados los filetes y quite el exceso de harina; ponga varios filetes en un sola capa en la sartén. Cueza de 4 a 8 minutos o hasta que se doren ligeramente y el centro esté opaco; voltéelos una vez. Páselos a un platón; manténgalos calientes. Repita esto con los filetes restantes.

5. Caliente la salsa que guardó a fuego medio; revuelva con frecuencia. Vierta sobre el pescado. Adorne al gusto. *Rinde de 4 a 6 porciones*

Enchiladas de Camarón

Tiempo de Preparación: 10 minutos • **Tiempo de Cocción:** 40 minutos

1 frasco (735 g) de salsa tradicional para pasta
1 lata (120 g) de chiles verdes en escabeche, picados y escurridos
1½ cucharaditas de chile en polvo
450 g de camarón cocido, poco picado
2 tazas de queso Monterrey Jack rallado (unos 225 g)
1 recipiente (225 g) de crema agria
12 tortillas de maíz, suavizadas

1. Caliente el horno a 200 °C. En un recipiente, combine la salsa, los chiles y el chile en polvo. Unte 1 taza de la mezcla de salsa en un refractario de 33×23 cm.

2. En otro recipiente, combine el camarón, 1 taza de queso y la crema. Unte en las tortillas; enróllelas. Acomódelas en el refractario, con el lado abierto hacia abajo, y corónelas con el resto de la salsa. Tape con papel de aluminio y hornee por 20 minutos.

3. Retire el aluminio y espolvoree con el queso restante. Hornee por 5 minutos más o hasta que el queso se derrita.   *Rinde 6 porciones*

*Consejo

Para suavizar las tortillas, acomódelas en un recipiente para microondas; tape con una toalla de papel y hornee por 30 segundos a temperatura ALTA.

Sopa de Tortilla con Mero

1 cucharada de aceite vegetal
1 cebolla chica picada
2 dientes de ajo picados
3½ tazas de consomé de pollo
1½ tazas de jugo de tomate
1 taza de tomates picados
1 lata (120 g) de chiles verdes en escabeche, escurridos
2 cucharaditas de salsa inglesa
1 cucharadita de comino molido
1 cucharadita de chile en polvo
1 cucharadita de sal
⅛ de cucharadita de pimienta negra
3 tortillas de maíz, en tiras de 2.5 cm
1 taza de granos de maíz
450 g de filetes de mero, lavados, secos y en cubos de 2.5 cm
Ramitas de perejil frescas y aros de chile jalapeño*
(opcional)

Los chiles jalapeños pueden irritar la piel; use guantes de hule cuando los maneje y no se toque los ojos.

1. Caliente el aceite en una olla a fuego medio-alto. Agregue la cebolla y el ajo; cueza hasta suavizar. Añada el consomé, el jugo de tomate, los tomates, los chiles, la salsa inglesa, el comino, el chile en polvo, la sal y la pimienta. Deje hervir; tape y hierva por 10 minutos.

2. Ponga las tortillas y el maíz en el caldo; tape y hierva de 8 a 10 minutos.

3. Incorpore el pescado. No tape. Continúe hirviendo hasta que el pescado esté opaco y se desmenuce fácilmente al tocarlo con un tenedor.

4. Adorne con perejil y aros de jalapeño, si lo desea. Sirva de inmediato.

Rinde 6 porciones

Envueltos de Camarón y Frijoles Negros

4 tortillas de harina grandes
1 cucharada de aceite de oliva
225 g de camarón chico crudo, pelado y desvenado
1 lata (435 g) de frijoles (judías) negros, escurridos
1 tomate grande picado
2 cebollines, en rebanadas
1½ cucharaditas de salsa picante
½ cucharadita de sal

Caliente el horno a 190 °C. Envuelva las tortillas en papel de aluminio; colóquelas en el horno por 10 minutos hasta que se calienten. Caliente el aceite en una sartén de 25 cm a fuego medio-alto. Agregue el camarón; cueza hasta que se torne rosado. Machaque ½ taza de frijoles en un tazón; añada los frijoles restantes, el camarón, el tomate, el cebollín, la salsa picante y la sal. Para ensamblar, coloque ¼ de la mezcla en cada tortilla; enrolle las tortillas. *Rinde 4 porciones*

*Consejo

El camarón se vende crudo o cocido, fresco o congelado y con caparazón o sin él. Debe estar firme al tacto. El camarón cocido con caparazón debe estar rollizo. El camarón crudo no debe oler a amoniaco.

Salmón con Salsa de Arándano-Poblano

1 chile poblano,* finamente picado
½ taza de piña en trocitos, escurrida
½ taza de arándanos rojos endulzados secos
¼ de taza de cebolla morada finamente picada
2 cucharadas de cilantro fresco picado
1 cucharadita de ralladura de cáscara de limón
2 cucharadas de jugo de limón
4 filetes de salmón (de 180 g cada uno), sin piel
Sal y pimienta negra

*Los chiles poblanos son de color verde oscuro, largos y de forma triangular. Miden entre 9 y 12 cm. Su sabor va de medio a un poco picante. Para un sabor más suave, puede sustituirlos por chiles Anaheim.

1. Caliente el asador. Combine el chile poblano, la piña, los arándanos, la cebolla, el cilantro, la ralladura y el jugo en un tazón. Revuelva muy bien. Deje reposar por 15 minutos para que se absorban los sabores.

2. Rocíe la rejilla y el asador con aceite en aerosol. Acomode los filetes en la rejilla. Sazónelos un poco con sal y pimienta. Ase por 5 minutos; voltee los filetes y sazone con sal y pimienta. Ase por 5 minutos o hasta que el centro se opaque. Sirva los filetes con la Salsa de Poblano-Arándano.

Rinde 4 porciones

*Consejo

Para un sabor cítrico extra, agregue el jugo de 1 o 2 limones a la salsa.

Almejas
Picantes

16 almejas,* lavadas y remojadas
1 lata (450 g) de granos de maíz, escurridos
2 tazas de pepinos pelados, sin semillas y picados
1 taza de tomates picados
1 lata (120 g) de chiles verdes picados
¼ de taza de cebolla picada
2 cucharadas de jugo de limón
1 cucharada de cilantro fresco picado
Totopos de maíz o tortillas de harina suaves (opcional)

Si no consigue almejas frescas en su concha, utilice de ¼ a 1 taza de almejas sin concha. Cuézalas al vapor y píquelas. Omita el paso 1.

1. Coloque 1 taza de agua en una olla. Ponga a hervir a fuego alto. Agregue las almejas. Tape y reduzca el fuego a medio. Deje hervir de 5 a 7 minutos o hasta que las almejas se abran. Retire las almejas abiertas. (Deseche las almejas que no se abran.) Retire las almejas de la concha y píquelas.

2. Combine las almejas, el maíz, los pepinos, los tomates, los chiles, la cebolla, el limón y el cilantro en un tazón de cristal. Tape y refrigere durante varias horas o por toda la noche para que se mezclen los sabores. Sirva con totopos, si lo desea. *Rinde unas 4 tazas*

Sincronizada de Atún

Tiempo de Preparación y Cocción: 25 minutos

4 tortillas de harina (de 25 cm)
¼ de taza más 2 cucharadas de dip de frijoles (judías) negros o pintos
1 lata (250 g) de atún en agua, escurrido y desmenuzado
2 tazas (225 g) de queso cheddar rallado
1 lata (420 g) de tomates picados, escurridos
½ taza de cebollines, en rebanadas delgadas
1½ cucharaditas de mantequilla o margarina, derretida

1. Caliente el horno a 200 °C.

2. Coloque 1 tortilla en un molde para pizza de 30 cm. Unte 2 cucharadas de dip; deje libre una orilla de 1.5 cm. Ponga capas de atún, queso, tomates y cebollines. Repita las capas dos veces, empezando con tortilla y terminando con cebollín.

3. Ponga la tortilla restante encima y presiónela un poco. Barnice con la mantequilla.

4. Hornee por 15 minutos o hasta que el queso se derrita y la tortilla se dore un poco. Deje enfriar. Corte en 8 rebanadas.   *Rinde 4 porciones*

*Consejo

Para un toque especial, sirva con guacamole, crema agria y salsa.

Camarones Tequila-Limón a la Parrilla

Tiempo de Preparación: 15 minutos • **Tiempo de Marinado:** 30 minutos
Tiempo de Cocción: 10 minutos

1 taza de marinada de tequila con jugo de limón
450 g de camarón grande sin cocer, pelado y desvenado
8 brochetas de madera, remojadas en agua por 15 minutos
1 pimiento morrón amarillo, en trozos de 4 cm
6 cebolletas, en rebanadas de 4 cm
16 tomates cherry
1 limón, en 8 gajos

1. En una bolsa de plástico, combine ½ taza de marinada y el camarón; revuelva para cubrir. Cierre la bolsa y marine en el refrigerador por 30 minutos. Retire el camarón de la marinada y deséchela.

2. En las brochetas, ensarte el camarón, el pimiento, la cebolleta y los tomates. Ase y barnice a menudo con la marinada restante, volteándolas una vez, hasta que el camarón se torne rosado. Sirva, si lo desea, con gajos de limón y sobre pasta, arroz u orzo, cocidos y calientes.

Rinde 4 porciones

Variantes: También son deliciosos con pitas (pan árabe) o tortillas de harina con lechuga rallada y jugo de limón. Ambas ideas son ideales para días de campo y fiestas.

Tostaditas de Mariscos

Aceite en aerosol
4 tortillas de harina, blancas o integrales, cortadas en 32 figuras
1 taza de dip de frijoles (judías) negros, y otro tanto para acompañar
1 taza de espinacas frescas picadas
¾ de taza de camarón chico cocido
¾ de taza de salsa
½ taza (60 g) de queso Monterrey Jack rallado
¼ de taza de crema agria

1. Caliente el horno a 180 °C. Rocíe una charola para hornear con aceite en aerosol. Coloque las figuras de tortilla en la charola. Rocíelas ligeramente con aceite y hornéelas por 10 minutos. Voltéelas y vuelva a rociarlas; hornee por 3 minutos más.

2. Para preparar las tostadas, unte cada tortilla con 1½ cucharaditas de dip de frijol. Ponga encima 1½ cucharaditas de espinaca, 1 cucharadita de camarón, 1 cucharadita de salsa, espolvoree con queso y corone con crema. Adorne con cilantro fresco, si lo desea. Sirva de inmediato con más dip.

Rinde 8 porciones de entremés

Camarones al Tequila-Limón

450 g de camarón mediano crudo, pelado y desvenado
3 cucharadas de mantequilla o margarina
1 cucharada de aceite de oliva
2 dientes de ajo picados
2 cucharadas de tequila
1 cucharada de jugo de limón
¼ de cucharadita de sal
¼ de cucharadita de hojuelas de pimienta roja
3 cucharadas de cilantro fresco poco picado
Arroz cocido caliente (opcional)

1. Seque los camarones con toallas de papel. Caliente la mantequilla y el aceite en una sartén a fuego medio. Cuando se derrita la mantequilla, agregue el ajo; cueza por 30 segundos. Agregue el camarón; cueza por 2 minutos, revolviendo de vez en cuando.

2. Añada el tequila, el jugo, la sal y la pimienta. Cueza por 2 minutos o hasta que el líquido se evapore y el camarón se torne rosado y se glasee. Incorpore el cilantro; cueza por 10 segundos.

3. Sirva sobre arroz cocido caliente, si gusta. Adorne con rebanadas de limón, si lo desea. *Rinde de 3 a 4 porciones*

*Consejo

Cuando compre cilantro, búsquelo con hojas verde brillante, sin partes amarillentas ni marchitas. Para mantenerlo fresco, ponga los extremos de los tallos en un vaso de agua (como un bouquet); cúbralo con una bolsa de plástico y refrigere. Lave y pique las hojas justo antes de usarlas.

Tacos de Pescado con Salsa Fresca

Tiempo de Preparación: 15 minutos • **Tiempo de Marinado:** 30 minutos
Tiempo de Cocción: 5 minutos

> ¾ **de taza más 2 cucharadas de salsa con chile y limón**
> **450 g de filetes de pescado blanco, como abadejo, hipogloso**
> **o corvina, en cubos de 2 cm**
> ½ **taza de crema agria**
> 1½ **tazas de tomates finamente picados**
> ¼ **de taza de cilantro fresco picado**
> **2 cucharadas de cebolla morada picada**
> **2 tazas de lechuga picada**
> **8 tostadas para taco, calientes**

1. Vierta ½ taza de la salsa sobre el pescado en una bolsa de plástico. Marine en el refrigerador por 30 minutos.

2. Combine ¼ de taza de la salsa y la crema agria en un recipiente; enfríe hasta el momento de usarla.

3. Revuelva los tomates, el cilantro, la cebolla y las 2 cucharadas restantes de salsa.

4. Escurra el pescado. Caliente una sartén antiadherente; rocíela con aceite en aerosol. Sofría el pescado de 3 a 5 minutos o hasta que se opaque y se desmenuce al tocarlo con un tenedor. Rellene cada tostada para taco con la lechuga, el pescado cocido y la salsa. Bañe con la mezcla de crema agria. *Rinde de 4 a 6 porciones*

Variante: Sustituya el pescado por 450 g de camarón pelado y desvenado.

Burritos de Camarón al Ajo

Tiempo de Preparación y Cocción: 10 minutos

1 cucharada de aceite vegetal
1 paquete (285 g) de ensalada de lechuga, col y zanahoria
1 cucharadita de ajo picado
1 taza de mango picado
½ taza de cebollines, en rebanadas
8 tortillas de harina (de 15 o 18 cm)
285 a 360 g de camarón mediano cocido y pelado
½ taza de salsa de frijoles (judías) negros
¼ de cucharadita de hojuelas de pimienta roja
Salsa para adornar

1. Caliente el aceite en una sartén grande y profunda a fuego medio-alto. Agregue la lechuga y el ajo; sofría por 2 minutos. Agregue el mango y los cebollines; sofría por 3 minutos.

2. Mientras se cuecen las verduras, apile las tortillas y envuélvalas con papel encerado. Caliéntelas en el microondas a temperatura ALTA por 1½ minutos.

3. Añada el camarón, la salsa de frijol y la pimienta a la sartén; sofría por 2 minutos o hasta que se caliente. Ponga ⅓ de taza de la mezcla de camarón en el centro de cada tortilla. Envuelva el relleno. Sirva con salsa.

Rinde 4 porciones

**Camarón Criollo
(p. 102)**

**Bagre con Corteza de
Nueces Tostadas (p. 116)**

Atún con Salsa Criolla de
Camarón (p. 118)

Mariscos Horneados
Louisiana (p. 112)

Favoritos Sureños

Bagre Ahumado con Salsa Tártara Fácil y Arroz

Salsa Tártara Fácil (receta más adelante)
4 filetes de bagre (de 120 g cada uno)
2 cucharaditas de jugo de limón
Aceite en aerosol sabor ajo
2 cucharaditas de sazonador cajún o mezcla para ahumar
1 taza de arroz cocido caliente

1. Prepare la Salsa Tártara Fácil.

2. Enjuague el pescado y séquelo con toallas de papel. Báñelo con el jugo de limón; rocíelo con aceite en aerosol. Espolvoréelo con el sazonador; vuelva a rociar con aceite.

3. Caliente una sartén antiadherente a fuego medio-alto. Ponga 2 filetes con el lado sazonado hacia abajo. Cueza durante 3 minutos por lado. Reduzca el fuego a medio y cueza por 3 minutos más o hasta que el pescado se desmenuce al tocarlo con un tenedor. Retire el pescado de la sartén; manténgalo caliente. Repita esto con el resto de los filetes. Sirva con salsa tártara y arroz. *Rinde 4 porciones*

Salsa Tártara Fácil

¼ de taza de mayonesa
2 cucharadas de pepinillos en salmuera
1 cucharadita de jugo de limón

Combine la mayonesa, el pepinillo y el limón en un recipiente; revuelva bien. Refrigere hasta el momento de servir.

Rinde más o menos ¼ de taza

Camarón Criollo

2 cucharadas de aceite de oliva
1½ tazas de pimiento morrón verde picado
1 cebolla mediana picada
⅔ de taza de apio picado
2 dientes de ajo finamente picados
1 taza de arroz sin cocer
1 lata (unos 400 g) de tomates picados, escurridos; reserve el jugo
1 a 2 cucharaditas de salsa picante
1 cucharadita de orégano seco
¾ de cucharadita de sal
½ cucharadita de tomillo seco
Pimienta negra
450 g de camarón mediano crudo, pelado y desvenado
1 cucharada de perejil fresco picado (opcional)

1. Caliente el horno a 160 °C. Caliente el aceite en una sartén a fuego medio-alto. Agregue el pimiento, la cebolla, el apio y el ajo; cueza por 5 minutos o hasta que se suavicen.

2. Añada el arroz; cueza por 5 minutos a fuego medio. Incorpore los tomates, salsa al gusto, el orégano, la sal y el tomillo. Sazone con pimienta; revuelva bien. Vierta el jugo de tomate que reservó en una taza medidora de 2 tazas de capacidad. Agregue suficiente agua hasta obtener 1¾ tazas; vacíe en la sartén. Cueza por 2 minutos.

3. Pase la mezcla a un refractario de 2½ litros de capacidad. Agregue el camarón. Hornee, tapado, por 55 minutos o hasta que el arroz esté suave y se haya absorbido el líquido. Adorne con perejil, si lo desea.

Rinde de 4 a 6 porciones

Dip de Cangrejo con Verduras Crudas

1 paquete (225 g) de queso crema, suavizado
½ taza de crema agria
3 cucharadas de rábano rusticano preparado
2 cucharadas de perejil fresco picado
1 cucharada de mostaza poco molida
2 cucharaditas de salsa picante
1 taza de carne de cangrejo, limpia y desmenuzada
1 bolsa (450 g) de zanahorias baby
1 apio entero, cortado en tiras
1 manojo de espárragos, blanqueados
2 endivias
2 pimientos morrones rojos o verdes, en tiras

1. Combine el queso, la crema, el rábano, el perejil, la mostaza y la salsa en un recipiente. Agregue el cangrejo.

2. Acomode las zanahorias, el apio, los espárragos, las endivias y el pimiento en un platón. Sirva con el dip.   *Rinde unas 2 tazas de dip*

Atún a la Cajún

2 cucharadas de mantequilla, derretida
4 postas de atún (de 2.5 cm de grosor y de 180 g cada una)
1½ cucharaditas de sal de ajo
1 cucharadita de pimentón
1 cucharadita de tomillo u orégano seco
½ cucharadita de comino molido
¼ de cucharadita de pimienta roja molida
⅛ de cucharadita de pimienta blanca
⅛ de cucharadita de pimienta negra
4 gajos de limón

1. Caliente el asador a fuego medio-alto. Barnice con mantequilla ambos lados del atún. Combine los ingredientes restantes; revuelva bien y espolvoree con la mezcla ambos lados del atún.

2. Coloque el atún sobre la parrilla en el carbón a fuego medio-alto. Ase de 2 a 3 minutos por cada lado para término medio (no cueza de más o el atún se secará). Sirva con gajos de limón. *Rinde 4 porciones*

Emparedados de Pescado

Tiempo de Preparación: 5 minutos • **Tiempo de Cocción:** 13 minutos

½ taza de mayonesa light con wasabi
¼ de taza de mostaza oscura
¼ de taza de pepinillo en salmuera
300 g de barras de pescado
4 bollos para hot dog, abiertos
1 taza de lechuga rallada
1 taza de tomates picados

1. Combine la mayonesa, la mostaza y los pepinillos.

2. Caliente el horno a 200 °C. Hornee el pescado según las instrucciones del empaque.

3. Para armar los sándwiches, unte la mezcla de mayonesa en ambos lados del pan. Acomode las barras de pescado en las mitades inferiores de pan. Corone con lechuga y tomate, y tape con las mitades superiores de pan. *Rinde 4 porciones*

*Consejo

Sirva la mezcla de mayonesa como dip con camarones o cóctel de cangrejo, o para acompañar mariscos fritos, asados u horneados.

Vieiras con Corteza de Hierbas y Nuez

Tiempo de Preparación: 30 minutos • **Tiempo Total:** 40 minutos

½ **taza de nueces tostadas**
⅓ **de taza de hojas de orégano fresco**
¼ **de taza de hojas de tomillo fresco**
3 **dientes de ajo picados**
2 **cucharaditas de consomé de pollo instantáneo**
1 **cucharadita de ralladura de cáscara de limón**
¼ **de cucharadita de pimienta negra molida**
3 **cucharadas de aceite de oliva**
450 **g de vieiras (de 12 a 15)**

En el procesador de alimentos, combine las nueces, las hierbas, el ajo, el consomé, el limón y la pimienta hasta que se forme una pasta. Con la máquina encendida, poco a poco, vierta el aceite hasta que se forme una pasta. Úntela en las vieiras. Ensártelas en 4 brochetas. Ase a fuego medio de 5 a 8 minutos o hasta que se opaquen. *Rinde 4 porciones*

Bagre con Tocino y Rábano

6 filetes de bagre (de 120 a 150 g cada uno)
2 cucharadas de mantequilla
¼ de taza de cebolla picada
1 paquete (225 g) de queso crema, suavizado
¼ de taza de vino blanco seco
2 cucharadas de rábano rusticano preparado
1 cucharada de mostaza Dijon
½ cucharadita de sal
⅛ de cucharadita de pimienta negra
4 tiras de tocino (beicon), doradas y desmoronadas
2 cucharadas de perejil fresco finamente picado (opcional)

1. Enjuague el pescado y séquelo. Caliente el horno a 180 °C. Rocíe un refractario con aceite en aerosol. Acomode los filetes en una capa en el refractario.

2. Derrita la mantequilla en una sartén a fuego medio-alto. Agregue la cebolla; cueza hasta que se suavice. Combine el queso, el vino, el rábano, la mostaza, la sal y la pimienta en un recipiente; incorpore a la cebolla. Vierta la mezcla sobre el pescado y corone con el tocino. Hornee por 30 minutos o hasta que el pescado se desmenuce al tocarlo con un tenedor. Adorne con perejil, si lo desea. Sirva de inmediato.

Rinde 6 porciones

Mariscos Horneados Louisiana

1 lata (420 g) de tomates enteros, sin escurrir y picados
1 lata (225 g) de salsa de tomate
1 taza de agua
1 taza de apio picado
⅔ de taza de arroz sin cocer
1⅓ tazas de cebollas fritas
1 cucharadita de salsa de pimienta de Cayena
½ cucharadita de ajo en polvo
¼ de cucharadita de orégano seco, desmoronado
¼ de cucharadita de tomillo seco, desmoronado
225 g de pescado blanco, en trozos de 2.5 cm
1 lata (120 g) de camarón, escurrido
⅓ de taza de aceitunas sin hueso, en rebanadas
¼ de taza (30 g) de queso parmesano rallado

Caliente el horno a 190 °C. En un refractario de 1½ litros de capacidad, combine los tomates, el agua, la salsa de tomate, el apio, el arroz, *⅔ de taza* de cebollas y los sazonadores. Hornee, tapado, a 190 °C por 20 minutos. Agregue el pescado, el camarón y las aceitunas. Hornee, tapado, por 20 minutos o hasta que todo esté bien caliente. Corone con queso y los *⅔ de taza* de cebollas restantes; hornee, sin tapar, por 3 minutos o hasta que las cebollas se doren.   *Rinde 4 porciones*

Instrucciones para Microondas: En un recipiente para microondas de 2 litros de capacidad, prepare la mezcla de arroz como se indica. Cueza, tapado, a temperatura ALTA por 15 minutos; revuelva el arroz a la mitad del tiempo de cocción. Agregue el pescado, los camarones y las aceitunas. Cueza, tapado, de 12 a 14 minutos o hasta que el arroz se cueza. Revuelva a la mitad del tiempo de cocción. Corone con queso y con los *⅔ de taza* de cebollas restantes; cueza, sin tapar, por 1 minuto. Deje reposar por 5 minutos.

Gumbo de Mariscos

½ **taza de cebolla picada**
½ **taza de pimiento verde picado**
½ **taza (unos 60 g) de champiñones frescos rebanados**
1 **diente de ajo picado**
2 **cucharadas de margarina**
1 **lata (840 g) de tomates enteros, sin escurrir**
2 **tazas de consomé de pollo**
½ **a ¾ de cucharadita de pimienta roja molida**
½ **cucharadita de tomillo seco**
½ **cucharadita de albahaca seca**
1 **bolsa (285 g) de okra (quingombó), descongelada**
340 **g de pescado blanco, en trozos de 2.5 cm**
225 **g de camarón pelado y desvenado**
3 **tazas de arroz cocido caliente**

Cueza la cebolla, el pimiento, los champiñones y el ajo en la margarina, en una olla a fuego medio-alto, hasta que estén crujientes. Agregue los tomates con su jugo, el consomé, la pimienta, el tomillo y la albahaca. Deje hervir. Reduzca el fuego; hierva, sin tapar, de 10 a 15 minutos. Añada la okra, el pescado y el camarón; cueza hasta que el pescado se desmenuce al tocarlo con un tenedor, de 5 a 8 minutos. Sirva el arroz sobre el gumbo. *Rinde 6 porciones*

*Consejo

Cuando guarde pescado fresco, envuélvalo con plástico. Si es posible, colóquelo en hielo o en la parte más fría del refrigerador. Asegúrese de que el hielo no se derrita sobre el pescado. Al contacto con la humedad, la carne puede decolorarse. El pescado fresco deberá usarse, como máximo, un día después.

Bagre con Corteza de Nueces Tostadas

225 g de empanizador con nuez (2 tazas)
2 claras de huevo, batidas
¼ de taza de leche
1 cucharadita de sal
½ cucharadita de pimienta negra
4 filetes de bagre (180 g), enjuagados y secos
2 cucharadas de mantequilla
2 cucharadas de aceite vegetal

1. Caliente una sartén de 30 cm a fuego medio-alto. Agregue el empanizador y cueza por 3 minutos o hasta que se dore un poco; revuelva con frecuencia. Tenga cuidado de que no se queme. Extienda una capa delgada en una hoja de papel de aluminio y deje enfriar por completo (unos 5 minutos).

2. Coloque el empanizador frío en la licuadora con sal y pimienta, y licue hasta que tenga una textura fina. Ponga la mezcla de nuez en un recipiente poco profundo (como un molde para pay).

3. Mientras tanto, bata las claras de huevo y la leche en otro recipiente poco profundo hasta que se combinen.

4. Sumerja el pescado en la mezcla de huevo y luego cúbralo con la mezcla de nuez.

5. Caliente una sartén de 30 cm a fuego medio-alto. Añada 1 cucharada de mantequilla y 1 cucharada de aceite. Cuando se derrita la mantequilla y se empiece a dorar, ponga 2 filetes. De inmediato, reduzca el fuego a medio y cueza por 4 minutos; voltee el pescado y cueza por 4 minutos más o hasta que el pescado se opaque en el centro. Retire de la sartén y tape con papel de aluminio para mantenerlos calientes.

6. Limpie la sartén con una toalla de papel y repita el procedimiento con los filetes restantes.

Rinde 4 porciones

Atún con Salsa Criolla de Camarón

Tiempo de Preparación: 15 minutos • **Tiempo de Cocción:** 20 minutos

4 cucharadas de aceite de oliva
1 cebolla morada mediana picada
1 pimiento morrón rojo o amarillo, sin semillas y picado
2 tallos de apio, en rebanadas
2 dientes de ajo picados
1 lata (420 g) de tomates estofados
¼ de taza de salsa de pimienta de Cayena
¼ de taza de pasta de tomate
½ cucharadita de tomillo seco
1 hoja de laurel
225 g de camarón mediano crudo, pelado y desvenado
4 postas de atún o bacalao, de 2.5 cm de grosor (unos 675 g)
Arroz cocido caliente (opcional)

1. Caliente 2 cucharadas de aceite en una sartén mediana a fuego medio-alto. Agregue la cebolla, el pimiento, el apio y el ajo; cueza por 1 minuto. Añada los tomates, la salsa, la pasta, el tomillo y la hoja de laurel. Deje hervir. Reduzca el fuego a medio-bajo. Cueza por 5 minutos; revuelva con frecuencia. Incorpore el camarón; cueza por 3 minutos o hasta que el camarón se torne rosado. Retire y deseche la hoja de laurel. Deje aparte la salsa de camarón.

2. Barnice ambos lados del pescado con 2 cucharadas de aceite. Colóquelo en el asador. Ase sobre carbón a fuego medio-alto por 10 minutos o hasta que el pescado se desmenuce al tocarlo con un tenedor;* voltéelo una vez. Pase a un platón. Ponga encima la salsa de camarón. Sirva con arroz, si lo desea. Adorne al gusto.

Rinde 4 porciones

*El atún se seca si se cuece de más. Cueza el atún hasta que se opaque, pero que aún esté suave en el centro. Ponga atención durante el asado.

**Salmón Chino Asado
(p. 128)**

**Camarón Asiático y Ensalada
de Tallarines (p. 138)**

**Teriyaki de Vieiras
(p. 150)**

**Camarones en Salsa de
Langosta (p. 126)**

Comida Asiática

Salmón Glaseado a la Naranja

Glazé

   2 cucharadas de salsa de soya
   2 cucharadas de jugo de naranja
   1 cucharada de miel de abeja
   ¾ de cucharadita de jengibre fresco molido
   ½ cucharadita de vinagre de vino de arroz
   ¼ de cucharadita de aceite de ajonjolí

Salmón

   4 filetes de salmón (de unos 180 g cada uno)
   ½ cucharadita de sal
   ¼ de cucharadita de pimienta negra
   1 cucharada de aceite de oliva

1. Bata la salsa de soya, el jugo, la miel, el jengibre, el vinagre y el aceite de ajonjolí en un recipiente.

2. Sazone el salmón con sal y pimienta. Caliente el aceite de oliva en una sartén antiadherente a fuego alto. Acomode el salmón, con la piel hacia arriba, en la sartén. Barnice con el glazé. Cueza el salmón por 4 minutos o hasta que el centro se opaque. Voltéelo con cuidado; barnice con el glazé. Cueza por 4 minutos más. (El salmón puede estar un poco rosado en el centro.)

3. Pase el pescado a un platón; tape y mantenga caliente. Ponga el glazé restante en una olla. Hierva hasta que se espese y se reduzca a ¼ de taza. Vierta sobre el salmón. *Rinde 4 porciones*

Vieiras con Verduras

30 g de champiñones secos
4 cucharaditas de fécula de maíz
1 taza de agua fría
2½ cucharaditas de jerez seco
4 cucharaditas de salsa de soya
2 cucharaditas de consomé de pollo instantáneo
2 cucharadas de aceite vegetal
225 g de ejotes (judías verdes) frescos, en trozos diagonales de 2.5 cm
2 cebollas amarillas, en gajos separados
3 tallos de apio, en trozos diagonales de 1.5 cm
2 cucharaditas de jengibre fresco picado
1 diente de ajo picado
450 g de vieiras frescas o descongeladas, cortadas en cuartos
6 cebollines, en rebanadas delgadas
1 lata (435 g) de maíz baby, escurrido
Champiñones secos enteros y hojas de apio para adornar

1. Ponga los champiñones en un recipiente; cúbralos con agua caliente. Deje reposar por 30 minutos; escúrralos. Exprímalos para quitar tanta agua como sea posible. Corte y deseche los tallos; corte los sombreros en rebanadas.

2. Mezcle la fécula con el agua en un recipiente; agregue el jerez, la salsa de soya y el consomé.

3. Caliente el aceite en un wok a fuego alto. Añada los ejotes, las cebollas, el apio, el jengibre y el ajo; sofría por 3 minutos.

4. Revuelva la mezcla de fécula; viértala en el wok. Cueza y revuelva hasta que la salsa hierva y se espese.

5. Agregue los champiñones, las vieiras, los cebollines y el maíz. Cueza hasta que se opaquen las vieiras, por unos 4 minutos. Adorne, si lo desea.

Rinde de 4 a 6 porciones

Camarones en Salsa de Langosta

½ **taza de consomé de pollo o de res con poca sal**
¼ **de taza de salsa de ostión**
1 **cucharada de fécula de maíz**
1 **huevo**
1 **clara de huevo**
1 **cucharada de aceite de maní o de canola**
340 **g de camarón mediano o grande crudo, pelado y desvenado**
2 **dientes de ajo picados**
3 **cebollines, en trozos de 1.5 cm**
2 **tazas de tallarines chinos de huevo cocidos calientes**

1. Revuelva el consomé, la salsa de ostión y la fécula en un recipiente hasta que se incorporen. Bata el huevo y la clara de huevo en otro recipiente.

2. Caliente un wok a fuego medio-alto por 1 minuto. Vierta el aceite en el wok y caliente por 30 segundos. Añada el camarón y el ajo; sofría de 3 a 5 minutos o hasta que el camarón se torne opaco.

3. Revuelva la mezcla de consomé; vierta en el wok. Incorpore los cebollines; sofría durante 1 minuto o hasta que la salsa hierva y se espese.

4. Revuelva el huevo y vacíe en el wok; sofría por 1 minuto o hasta que el huevo se cueza. Sirva con los tallarines. *Rinde 4 porciones*

Nota: La salsa de ostión es espesa de color café; está hecha de ostiones molidos, salsa de soya y salmuera. Tiene un ligero sabor a pescado y se usa como sazonador. Está disponible en las tiendas de productos asiáticos.

Salmón Chino Asado

3 cucharadas de salsa de soya
2 cucharadas de jerez seco
2 dientes de ajo picados
450 g de filetes de salmón
Cilantro fresco

1. Combine la salsa de soya, el jerez y el ajo en un recipiente poco profundo. Agregue el salmón; voltéelo para cubrirlo. Tape y refrigere durante 30 minutos por lo menos o hasta por 2 horas.

2. Escurra el salmón; reserve la marinada. Acomode los filetes, con la piel hacia abajo, en la parrilla del asador engrasada y con el carbón muy caliente. Ase a 12 o 15 cm de la fuente de calor por 10 minutos. Después de 5 minutos de asado, barnice con la marinada que reservó; deseche el resto de la marinada. Adorne con cilantro.   *Rinde 4 porciones*

*Consejo

Los filetes de salmón deben tener húmeda la carne, sin decoloración, y la piel debe estar brillante y lisa. Si el filete tiene un olor fuerte, no es fresco.

Ensalada Jade con Vinagreta de Ajonjolí

Tiempo de Preparación: 15 minutos

5 tazas de hojas de espinaca o de lechuga romana, trozadas
1 lata (210 g) de atún light
1 taza de camarón cocido
¾ de taza de pepino rallado
½ taza de rábanos rojos rallados

Vinagreta de Ajonjolí
3 cucharadas de vinagre de arroz o de sidra
2 cucharadas de aceite de ajonjolí
2 cucharadas de aceite vegetal
2 cucharaditas de salsa de soya
2 cucharaditas de semillas de ajonjolí
1 cucharadita de azúcar
Sal y pimienta al gusto

En una ensaladera, mezcle la espinaca, el atún, el camarón, el pepino y los rábanos. Para el aderezo, en un frasco hermético, combine los ingredientes de la vinagreta. Tape y agite muy bien. Vierta sobre la ensalada; revuelva bien. *Rinde 4 porciones*

Sofrito de Verduras y Vieiras

Tiempo de Preparación: 3 minutos • **Tiempo de Cocción:** de 10 a 12 minutos

1 cucharada de aceite vegetal
1 bolsa (450 g) de verduras para sofreír
225 g de vieiras chicas
1 cebolla chica picada o 3 cebollines, en rebanadas
1 cucharada de salsa de soya light
1 cucharada de aderezo oriental para ensalada
⅛ de cucharadita de jengibre molido
Ajo en polvo
Sal y pimienta negra
Arroz cocido caliente (opcional)

1. En un wok, caliente el aceite a fuego medio.

2. Agregue las verduras; tape y cueza de 3 a 5 minutos o hasta que estén crujientes.

3. Destape; agregue las vieiras y la cebolla. Sofría por 2 minutos.

4. Añada la salsa de soya y el aderezo.

5. Reduzca el fuego a bajo; hierva de 3 a 5 minutos o hasta que se absorba el líquido.

6. Incorpore el jengibre, el ajo, y sal y pimienta al gusto; incremente el fuego a medio-alto. Sofría hasta que todo el líquido se absorba y las vieiras se opaquen y empiecen a dorarse.

7. Sirva sobre arroz, si lo desea.

Rinde 4 porciones

Ensalada Satay de Pasta con Pollo Asado y Camarón Jumbo

Tiempo de Preparación: 15 minutos • **Tiempo de Cocción:** 5 minutos

450 g de pollo deshuesado, en cubos de 2.5 cm
450 g de camarón jumbo, pelado y desvenado
¼ de taza de salsa búfalo para alitas
⅓ de taza de mantequilla de maní
¼ de taza de jugo de naranja
2 cucharadas de salsa teriyaki baja en sodio
1 cucharada de cilantro fresco picado
2 cucharaditas de jengibre fresco finamente picado
4 tazas de linguine cocido (unos 225 g sin cocer)

1. Ensarte por separado el pollo y el camarón en brochetas de metal. Combine la salsa para alitas, la mantequilla de maní, el jugo, la salsa teriyaki, el cilantro y el jengibre. Reserve ¾ de taza de la salsa en un tazón.

2. Ase el pollo y el camarón por unos 5 minutos hasta que se cuezan; barnícelos con la salsa restante.

3. Coloque la pasta en un tazón. Bañe con la salsa que reservó. Acomode encima el pollo y el camarón. Sirva de inmediato. Si lo desea, adorne con maní, pimientos rojos, pepino, cebollines y cilantro picado.

Rinde de 6 a 8 porciones

*Consejo
Si la salsa empieza a espesarse, agregue más jugo de naranja para adelgazarla.

Atún
Szechuán

4 postas de atún (de 180 g cada una), de 2.5 cm de grosor
¼ de taza de jerez seco o sake
¼ de taza de salsa de soya
1 cucharada de aceite oscuro de ajonjolí
1 cucharadita de aceite con chile o ¼ de cucharadita de hojuelas de pimienta roja
2 diente de ajo picado
3 cucharadas de cilantro fresco picado

1. Coloque el atún en una capa en un refractario poco profundo de vidrio. Combine el jerez, la salsa de soya, el aceite de ajonjolí, el aceite con chile y el ajo en un recipiente. Reserve ¼ de taza de la mezcla de soya a temperatura ambiente. Vierta el resto de la mezcla de soya sobre el atún. Tape; marine en el refrigerador por 40 minutos; voltéelo una vez.

2. Rocíe la parrilla del asador con aceite en aerosol. Prepárelo para cocción directa.

3. Escurra el atún y deseche la marinada. Ponga el atún en el asador. Ase, sin tapar, sobre el carbón a fuego medio-alto por 6 minutos o hasta que el atún se opaque, pero que aún esté suave en el centro;* voltéelo a la mitad del tiempo de asado. Transfiera el atún a una tabla para trinchar. Corte el atún en rebanadas delgadas; distribúyalas como abanico sobre un platón. Bañe el atún con la salsa que reservó; espolvoree con cilantro.

Rinde 4 porciones

*El atún se seca si se cuece de más. Cuézalo como si fuera carne.

Bacalao Oriental Horneado

2 cucharadas de salsa de soya baja en sodio
2 cucharadas de jugo de manzana
1 cucharada de jengibre fresco finamente picado
2 dientes de ajo picados
1 cucharada de pimienta Szechuán machacada
4 filetes de bacalao (unos 450 g)
4 cebollines, en rebanadas delgadas

1. Caliente el horno a 190 °C. Rocíe un molde con aceite en aerosol.

2. Combine la salsa de soya, el jugo de manzana, el jengibre, el ajo y la pimienta en un recipiente.

3. Acomode los filetes en el molde; vierta la mezcla de salsa de soya sobre el pescado. Hornee por unos 10 minutos o hasta que el pescado se opaque y se desmenuce fácilmente al tocarlo con un tenedor.

4. Pase el pescado a un platón; vierta los jugos del molde sobre el pescado y ponga encima el cebollín. Adorne, si lo desea.

Rinde 4 porciones

Ensalada Asiática de Camarón y Tallarines

Tiempo de Preparación: 15 minutos • **Tiempo de Cocción:** 10 minutos

⅓ **de taza más 2 cucharadas de aceite vegetal**
¼ **de taza de vinagre de sidra**
2 cucharadas de salsa inglesa
2 cucharadas de salsa de soya light
2 cucharadas de miel de abeja
1 cucharadita de jengibre fresco rallado o ¼ **de cucharadita de jengibre molido**
2 paquetes (de 90 g cada uno) de tallarines ramen sabor pollo
450 g de camarón crudo, pelado y desvenado, con colas
2 tazas de verduras como brócoli, zanahorias y tirabeques, en trozos de un bocado
1⅓ **tazas de cebollas fritas**

1. Combine ⅓ de taza de aceite, el vinagre, la salsa inglesa, la salsa de soya, la miel y el jengibre. Prepare los tallarines según las instrucciones del empaque; escúrralos. Colóquelos en un tazón.

2. Sofría el camarón con 1 cucharada de aceite en una sartén a fuego medio-alto, revolviendo con frecuencia, hasta que el camarón se opaque. Pase el camarón al tazón con tallarines. Sofría las verduras con el aceite restante a fuego medio-alto, revolviendo con frecuencia, hasta que las verduras estén crujientes.

3. Agregue la mezcla de verduras, el aderezo y *1 taza* de cebollas al tazón; revuelva bien. Sirva de inmediato y corone con las cebollas restantes.

Rinde 6 porciones

*Consejo

Compre las verduras cortadas en el supermercado para ahorrar tiempo en la preparación.

Salmón Wasabi

2 cucharadas de salsa de soya
1½ cucharaditas de pasta wasabi, y un poco más al gusto
4 filetes de salmón (de 180 g cada uno)
¼ de taza de mayonesa

1. Prepare el asador. Combine la salsa de soya y ½ cucharadita de wasabi; revuelva bien. Ponga la mezcla sobre el salmón con una cuchara. Coloque el salmón en el asador con el carbón a fuego medio o en la parrilla del asador eléctrico. Ase a 10 o 12 cm de la fuente de calor por 8 minutos o hasta que el salmón se opaque en el centro.

2. Mientras tanto, combine la mayonesa y la cucharadita restante de wasabi; revuelva bien. Pruebe y añada más wasabi, si lo desea. Sirva el salmón en platos y corone con la mezcla de mayonesa.

Rinde 4 porciones

*Consejo

El wasabi algunas veces está etiquetado como rábano rusticano japonés. Tiene un sabor muy picante.

Camarón Condimentado con Tirabeques

Tiempo de Preparación: 35 minutos

180 g de tirabeques frescos, sin puntas
1 pimiento morrón rojo mediano, en tiras de 1.5 cm
½ taza de cebollines, en rebanadas diagonales
1 cucharada de aceite de maíz
1 taza de Salsa Oriental para Sofreír (receta más adelante)
1 cucharadita de pimienta roja machacada
450 g de camarón mediano crudo, pelado y desvenado

Instrucciones para Microondas

1. En un recipiente para microondas de 3 litros, combine los tirabeques, el pimiento, el cebollín y el aceite. Hornee, tapado, a temperatura ALTA (100%), por 1 minuto.

2. Añada la salsa para sofreír y la pimienta. Hornee por 2 minutos. Agregue el camarón. Hornee de 6 a 8 minutos o hasta que la salsa hierva y se espese, y el camarón se opaque; revuelva dos veces.

Rinde 4 porciones

Salsa Oriental para Sofreír

2½ tazas de consomé de pollo
½ taza de fécula de maíz
½ taza de salsa de soya
½ taza de jarabe de maíz light
½ taza de jerez seco
¼ de taza de vinagre de sidra
2 dientes de ajo picados o prensados
2 cucharaditas de jengibre fresco rallado
¼ de cucharadita de pimienta roja molida

1. Combine el consomé, la fécula, la salsa de soya, el jarabe, el jerez, el vinagre, el ajo, el jengibre y la pimienta en un frasco hermético de 1½ litros de capacidad. Agite muy bien.

2. Guarde en el refrigerador hasta por 3 semanas. Agite antes de usar.

Rinde unas 4 tazas

Arroz Frito con Coco al Curry

Tiempo de Preparación: 25 minutos • **Tiempo de Cocción:** 20 minutos

1 taza de cebolla morada picada
2 cucharadas de aceite vegetal
340 g de camarón mediano crudo, pelado y desvenado
¼ de taza de consomé de pollo
1 cucharada de curry en polvo
4 tazas de arroz de grano largo cocido
2 tazas de zanahorias y chícharos (guisantes), descongelados
1 cucharada de salsa de soya
3 plátanos (bananos) medianos, en rebanadas
½ taza de coco rallado, tostado

1. Fría la cebolla en el aceite caliente en una sartén a fuego medio-alto, hasta que esté crujiente y suave.

2. Agregue los camarones, el consomé y el curry; cueza hasta que el camarón se torne rosado. Añada el arroz, las zanahorias y los chícharos; cueza de 3 a 5 minutos o hasta que esté caliente.

3. Vierta la salsa de soya. Incorpore los plátanos; cueza por 1 minuto o hasta que todo se caliente bien. Espolvoree con el coco antes de servir.

Rinde 6 porciones

Ensalada Bangkok de Arroz y Camarón

½ taza de leche de coco enlatada
¼ de taza de vinagre de arroz
1 cucharada de aceite
½ cucharadita de sal
3 cucharadas de albahaca fresca picada, más hojas de albahaca para adornar
3 tazas de arroz de grano medio o jazmín, cocido
450 g de camarón cocido, pelado y desvenado
½ taza de maní salado picado

Bata la leche, el vinagre y el aceite en un recipiente. Agregue la sal y la albahaca. Revuelva el arroz, el camarón y la mezcla de coco en un tazón hasta que se incorporen. Sirva en tazones; espolvoree con el maní; adorne con albahaca.   *Rinde 6 porciones*

*Consejo

En la cocina tailandesa el arroz se enjuaga antes de cocinarlo. Esto no se debe a que esté sucio, sino para quitarle algo del polvo que hace que el arroz cocido se torne pegajoso y tieso. Para enjuagar el arroz, colóquelo en una olla, cúbralo con agua fría y revuélvalo con la mano hasta que el agua quede opaca. Escurra el agua y repita el procedimiento dos veces.

Ensalada China de Cangrejo y Pepino

1 pepino grande, pelado
360 g de carne de cangrejo (fresca o descongelada), desmenuzada y limpia
½ pimiento morrón rojo picado
½ taza de mayonesa
3 cucharadas de salsa de soya
1 cucharada de aceite de ajonjolí
1 cucharadita de jengibre molido
225 g de germinado de frijol
1 cucharada de semillas de ajonjolí, tostadas
Cebollín fresco, en trozos de 2.5 cm

1. Corte el pepino por la mitad a lo largo; retire las semillas con una cuchara. Corte en trozos de 2.5 cm. Combine el pepino, el cangrejo y el pimiento en un tazón.

2. Bata la mayonesa, la salsa de soya, el aceite y el jengibre en un recipiente. Vierta sobre el cangrejo; revuelva bien. Refrigere por 1 hora para que se mezclen los sabores.

3. Para servir, acomode el germinado en platos. Ponga encima la mezcla de cangrejo; espolvoree con ajonjolí y cebollín.

Rinde 4 porciones de platillo principal

Camarón Frío con Salsa de Mostaza China

1 taza de agua
½ taza de vino blanco
2 cucharadas de salsa de soya baja en sodio
½ cucharadita de granos de pimienta negra o Szechuán
450 g de camarón grande crudo, pelado y desvenado
¼ de taza de salsa agridulce preparada
2 cucharaditas de mostaza china picante

1. Combine el agua, el vino, la salsa de soya y la pimienta en una olla. Ponga a hervir a fuego alto. Agregue el camarón; reduzca el fuego a medio. Tape y hierva de 2 a 3 minutos o hasta que el camarón se opaque y se caliente. Escurra bien. Tape y refrigere hasta que se enfríe.

2. Para la salsa de mostaza, combine la salsa agridulce y la mostaza en un recipiente; revuelva bien. Sirva con el camarón.   *Rinde 6 porciones*

Sustitución: Si no dispone de mostaza china o quiere una salsa menos picante, sustitúyala por mostaza oscura o Dijon.

*Consejo
Para esta fácil y rápida receta, puede preparar el camarón un día antes.

Teriyaki de Vieiras

2 cucharadas de salsa de soya
1 cucharada de mirin* o de vino dulce de arroz de cocina
2 cucharaditas de sake o de jerez seco
1 cucharadita de azúcar
450 g de vieiras grandes
¼ de cucharadita de sal
225 g de espárragos, en rebanadas diagonales de 5 cm
1 cucharada de aceite vegetal

*El mirin es un vino dulce japonés disponible en tiendas orientales.

1. Combine la salsa de soya, el mirin, el sake y el azúcar en un recipiente; revuelva hasta que se disuelva el azúcar. Agregue las vieiras; deje reposar por 10 minutos; voltéelas de vez en cuando.

2. Mientras tanto, hierva 2½ tazas de agua y la sal en una olla a fuego alto. Añada los espárragos; reduzca el fuego a medio-alto. Cueza de 3 a 5 minutos o hasta que estén crujientes. Escurra los espárragos; manténgalos calientes.

3. Escurra las vieiras; reserve la marinada.

4. Caliente el asador. Forre el molde del asador con papel de aluminio; barnice la parrilla con aceite vegetal. Coloque las vieiras en la parrilla; barnícelas con la marinada. Ase a 10 cm de la fuente de calor de 4 a 5 minutos o hasta que se doren. Voltee las vieiras con pinzas; barnícelas ligeramente con la marinada. Áselas de 4 a 5 minutos o hasta que se opaquen en el centro. Sirva de inmediato con los espárragos.

Rinde 4 porciones

Sofrito de Camarón y Verduras

1 cucharada de aceite de oliva
180 g de tirabeques (vainas) cocidos
6 cebollines, en trozos de 2.5 cm
1 pimiento morrón rojo, en tiras de 1.5 cm
450 g de camarón mediano crudo, pelado y desvenado
115 g de champiñones grandes, en cuartos
2 cucharadas de salsa de soya
1 cucharada de vinagre sazonado de arroz
1 cucharadita de aceite de ajonjolí

1. Caliente el aceite en una sartén o en un wok a fuego medio-alto. Agregue los tirabeques, el cebollín y el pimiento; sofríalos por 2 minutos.

2. Agregue el camarón; sofría por 2 minutos o hasta que el camarón se torne rosado.

3. Añada los champiñones; sofría hasta que se suavicen y se evapore casi todo el líquido.

4. Incorpore los demás ingredientes; caliente bien, revolviendo de vez en cuando. *Rinde 4 porciones*

*Consejo

Sirva este sofrito con arroz o tallarines, cocidos y calientes.

A

Almejas
Almejas Picantes, 84
Cremosa Sopa de Mariscos, 32
Fettuccine con Almejas, 46
Frutti di Mare, 58
Salsa Roja de Almeja con Verduras, 38
Sopa Manhattan de Almeja, 20
Almejas Picantes, 84

Arroz
Arroz Frito con Coco al Curry, 143
Bagre Ahumado con Salsa Tártara Fácil y Arroz, 100
Camarón Criollo, 102
Ensalada Bangkok de Arroz y Camarón, 144
Gumbo de Mariscos, 114
Horneado Siciliano de Pescado y Arroz, 47
Mariscos Horneados Louisiana, 112
Paella Fácil, 64
Arroz Frito con Coco al Curry, 143

Atún
Atún a la Cajún, 106
Atún con Salsa Criolla de Camarón, 118
Atún Szechuán, 134
Cacerola de Tallarines con Atún, 16
Calzones Fáciles, 42
Ensalada Jade con Vinagreta de Ajonjolí, 130
Paella Fácil, 64
Sencilla Ensalada de Pasta Veraniega, 60
Sincronizada de Atún, 86

Atún a la Cajún, 106
Atún con Salsa Criolla de Camarón, 118
Atún Szechuán, 134

B
Bacalao Boston Horneado, 10
Bacalao Oriental Horneado, 136
Bagre
Bagre Ahumado con Salsa Tártara Fácil y Arroz, 100
Bagre con Corteza de Nueces Tostadas, 116
Bagre con Tocino y Rábano, 110
Bagre Ahumado con Salsa Tártara Fácil y Arroz, 100
Bagre con Corteza de Nueces Tostadas, 116
Bagre con Tocino y Rábano, 110
Bollo Wasabi de Cangrejo, 30
Bollos de Langosta, 26
Burritos de Camarón al Ajo, 96

C
Cacerola de Mariscos, 28
Cacerola de Tallarines con Atún, 16
Calzones Fáciles, 42
Camarón
Arroz Frito con Coco al Curry, 143
Atún con Salsa Criolla de Camarón, 118
Burritos de Camarón al Ajo, 96
Cacerola de Mariscos, 28
Camarón al Chile-Limón, 74
Camarón Condimentado con Tirabeques, 142
Camarón Criollo, 102

Camarón *(continuación)*
Camarón Frío con Salsa de Mostaza China, 148
Camarones al Tequila-Limón, 92
Camarones en Salsa de Langosta, 126
Camarones Tequila-Limón a la Parrilla, 88
Cóctel de Camarón a la Piña-Jengibre, 26
Cremosa Sopa de Mariscos, 32
Enchiladas de Camarón, 78
Ensalada Asiática de Camarón y Tallarines, 138
Ensalada Bangkok de Arroz y Camarón, 144
Ensalada de Camarón Asado con Vinagreta Caliente de Tocino, 14
Ensalada Jade con Vinagreta de Ajonjolí, 130
Ensalada Satay de Pasta con Pollo Asado y Camarón Jumbo, 133
Envueltos de Camarón y Frijoles Negros, 80
Fettuccine con Camarón, 57
Gumbo de Mariscos, 114
Lasaña de Mariscos, 44
Mariscos Horneados Louisiana, 112
Paella Fácil, 64
Pasta con Mariscos, 40
Pasta Orzo con Camarón, 48
Salsa Primavera con Alcachofa y Camarón, 50
Sartén de Camarones, 60
Sofrito de Camarón y Verduras, 152
Tostaditas de Mariscos, 90

Camarón al Chile-Limón, 74
Camarón Condimentado con Tirabeques, 142
Camarón Criollo, 102
Camarón Frío con Salsa de Mostaza China, 148
Camarones al Tequila-Limón, 92
Camarones en Salsa de Langosta, 126
Camarones Tequila-Limón a la Parrilla, 88
Carne de Cangrejo
Bollo Wasabi de Cangrejo, 30
Cacerola de Mariscos, 28
Dip de Cangrejo con Verduras Crudas, 104
Ensalada China de Cangrejo y Pepino, 146
Ensalada de Cangrejo con Chiles y Cilantro, 74
Pasta con Mariscos, 40
Strata de Cangrejo, 30
Tortitas Baltimore de Cangrejo, 12
Champiñones
Calzones Fáciles, 42
Fettuccine con Almejas, 46
Frutti di Mare, 58
Gumbo de Mariscos, 114
Paquetes de Huachinango, Champiñones y Aceitunas, 21
Salsa Roja de Almeja con Verduras, 38
Sofrito de Camarón y Verduras, 152
Vieiras con Verduras, 124
Cóctel de Camarón a la Piña-Jengibre, 26
Colas de Langosta con Mantequillas de Sabores, 22
Cremosa Sopa de Mariscos, 32

D

Dip de Cangrejo con Verduras Crudas, 104

E

Emparedados de Pescado, 108

Enchiladas de Camarón, 78

Ensalada Asiática de Camarón y Tallarines, 138

Ensalada Bangkok de Arroz y Camarón, 144

Ensalada China de Cangrejo y Pepino, 146

Ensalada de Camarón Asado con Vinagreta Caliente de Tocino, 14

Ensalada de Cangrejo con Chiles y Cilantro, 74

Ensalada Jade con Vinagreta de Ajonjolí, 130

Ensalada Satay de Pasta con Pollo Asado y Camarón Jumbo, 133

Ensalada Taco de Pescado, 66

Ensaladas

Ensalada Asiática de Camarón y Tallarines, 138

Ensalada Bangkok de Arroz y Camarón, 144

Ensalada China de Cangrejo y Pepino, 146

Ensalada de Camarón Asado con Vinagreta Caliente de Tocino, 14

Ensalada de Cangrejo con Chiles y Cilantro, 74

Ensalada Jade con Vinagreta de Ajonjolí, 130

Ensalada Taco de Pescado, 66

Sencilla Ensalada de Pasta Veraniega, 60

Envueltos de Camarón y Frijoles Negros, 80

Espárragos

Dip de Cangrejo con Verduras Crudas, 104

Pasta con Mariscos, 40

Teriyaki de Vieiras, 150

Espinaca

Calzones Fáciles, 42

Ensalada Jade con Vinagreta de Ajonjolí, 130

Tostaditas de Mariscos, 90

Vieiras con Linguine y Espinaca, 56

F

Fettuccine con Almejas, 46

Fettuccine con Camarón, 57

Filetes con Salsa Verde, 76

Frutti di Mare, 58

G

Gumbo de Mariscos, 114

H

Hamburguesas de Salmón, 24

Horneado Siciliano de Pescado y Arroz, 47

Huachinango

Filetes con Salsa Verde, 76

Huachinango a la Mantequilla, 54

Huachinango a la Parrilla con Salsa de Cítricos, 6

Paquetes de Huachinango, Champiñones y Aceitunas, 21

Huachinango a la Mantequilla, 54

Huachinango a la Parrilla con Salsa de Cítricos, 6

L
Langosta
Bollos de Langosta, 26
Colas de Langosta con
Mantequillas de Sabores,
22
Frutti di Mare, 58
Pasta con Mariscos, 40
Lasaña de Mariscos, 44
Limón: Pescado a la Parrilla
con Salsa de Mantequilla
y Limón, 18

M
Maíz
Almejas Picantes, 84
Pescado al Limón con Salsa
de Maíz y Chile, 70
Sopa de Tortilla con Mero, 79
Vieiras con Verduras, 124
Mantequillas de Sabores, 22
Mariscos (_véanse también_
Almejas; Camarón;
Carne de Cangrejo;
Langosta; Vieiras)
Cremosa Sopa de Mariscos,
32
Frutti di Mare, 58
Mariscos Horneados Louisiana,
112

N
Nueces
Bagre con Corteza de Nueces
Tostadas, 116
Ensalada Bangkok de Arroz y
Camarón, 144
Ensalada de Camarón Asado
con Vinagreta Caliente de
Tocino, 14
Vieiras con Corteza de
Hierbas y Nuez, 109

P
Paella Fácil, 64
Papas
Cremosa Sopa de Mariscos,
32
Sopa de Pescado Nueva
Inglaterra, 8
Paquetes de Huachinango,
Champiñones y Aceitunas,
21
Pasta con Mariscos, 40
Pasta Orzo con Camarón, 48
Pescado (_véanse también_
Atún; Bagre;
Huachinango; Pez
Espada; Salmón)
Bacalao Boston Horneado, 10
Bacalao Oriental Horneado,
136
Emparedados de Pescado,
108
Ensalada Taco de Pescado, 66
Gumbo de Mariscos, 114
Horneado Siciliano de
Pescado y Arroz, 47
Lasaña de Mariscos, 44
Mariscos Horneados
Louisiana, 112
Pasta Pelo de Ángel con Salsa
de Mariscos, 52
Pescado a la Parrilla con Salsa
de Mantequilla y Limón,
18
Sopa de Pescado Nueva
Inglaterra, 8
Sopa de Tortilla con Mero, 79
Sopa Italiana de Pescado, 40
Tacos de Pescado con Salsa
Fresca, 94
Pescado a la Parrilla con Salsa
de Mantequilla y Limón,
18
Pescado al Limón con Salsa
de Maíz y Chile, 70

Pez Espada
Pescado al Limón con Salsa
de Maíz y Chile, 70
Tacos de Pescado con Salsa
de Yogur, 72
Piña
Cóctel de Camarón a la Piña-
Jengibre, 26
Salmón con Salsa de
Arándano-Poblano, 82

Q
Quesadillas de Salmón a
la Parrilla con Salsa de
Pepino, 68

S
Salmón
Hamburguesas de Salmón,
24
Quesadillas de Salmón a
la Parrilla con Salsa de
Pepino, 68
Salmón a la Parrilla Niçoise,
34
Salmón Chino Asado, 128
Salmón con Salsa de
Arándano-Poblano, 82
Salmón Glaseado a la
Naranja, 122
Salmón Wasabi, 140
Salmón a la Parrilla Niçoise, 34
Salmón Chino Asado, 128
Salmón con Salsa de Arándano-
Poblano, 82
Salmón Glaseado a la Naranja,
122
Salmón Wasabi, 140
Salsa Oriental para Sofreír, 142
Salsa Primavera con Alcachofa y
Camarón, 50
Salsa Roja de Almeja con
Verduras, 38

Salsa Tártara, 10
Salsa Tártara Fácil, 100
Salsas
Mantequillas de Sabores, 22
Salsa Oriental para Sofreír,
142
Salsa Tártara, 10
Salsa Tártara Fácil, 100
Sándwiches
Bollo Wasabi de Cangrejo, 30
Bollos de Langosta, 26
Calzones Fáciles, 42
Emparedados de Pescado,
108
Envueltos de Camarón y
Frijoles Negros, 80
Hamburguesas de Salmón,
24
Sartén de Camarones, 60
Sencilla Ensalada de Pasta
Veraniega, 60
Sincronizada de Atún, 86
Sofrito de Camarón y
Verduras, 152
Sofrito de Verduras y Vieiras,
132
Sopa de Pescado Nueva
Inglaterra, 8
Sopa de Tortilla con Mero,
79
Sopa Italiana de Pescado, 40
Sopa Manhattan de Almeja,
20
Sopas
Cremosa Sopa de Mariscos,
32
Sopa de Pescado Nueva
Inglaterra, 8
Sopa de Tortilla con Mero,
79
Sopa Italiana de Pescado, 40
Sopa Manhattan de Almeja,
20
Strata de Cangrejo, 30

T
Tacos de Pescado con Salsa de Yogur, 72
Tacos de Pescado con Salsa Fresca, 94
Tallarines y Pasta
Cacerola de Tallarines con Atún, 16
Camarones en Salsa de Langosta, 126
Ensalada Asiática de Camarón y Tallarines, 138
Ensalada Satay de Pasta con Pollo Asado y Camarón Jumbo, 133
Fettuccine con Almejas, 46
Fettuccine con Camarón, 57
Frutti di Mare, 58
Lasaña de Mariscos, 44
Pasta con Mariscos, 40
Pasta Orzo con Camarón, 48
Pasta Pelo de Ángel con Salsa de Mariscos, 52
Salsa Roja de Almeja con Verduras, 38
Sencilla Ensalada de Pasta Veraniega, 60
Sopa Italiana de Pescado, 40
Vieiras con Linguine y Espinaca, 56
Teriyaki de Vieiras, 150
Tocino
Bagre con Tocino y Rábano, 110
Ensalada de Camarón Asado con Vinagreta Caliente de Tocino, 14
Sopa de Pescado Nueva Inglaterra, 8
Sopa Manhattan de Almeja, 20

Tortitas Baltimore de Cangrejo, 12
Tostaditas de Mariscos, 90

V
Vieiras
Cacerola de Mariscos, 28
Frutti di Mare, 58
Lasaña de Mariscos, 44
Pasta Pelo de Ángel con Salsa de Mariscos, 52
Sofrito de Verduras y Vieiras, 132
Teriyaki de Vieiras, 150
Vieiras con Corteza de Hierbas y Nuez, 109
Vieiras con Linguine y Espinaca, 56
Vieiras con Verduras, 124
Vieiras con Corteza de Hierbas y Nuez, 109
Vieiras con Linguine y Espinaca, 56
Vieiras con Verduras, 124

TABLA DE CONVERSIÓN

MEDIDAS DE CAPACIDAD (seco)

⅛ de cucharadita = 0.5 ml
¼ de cucharadita = 1 ml
½ cucharadita = 2 ml
¾ de cucharadita = 4 ml
1 cucharadita = 5 ml
1 cucharada = 15 ml
2 cucharadas = 30 ml
¼ de taza = 60 ml
⅓ de taza = 75 ml
½ taza = 125 ml
⅔ de taza = 150 ml
¾ de taza = 175 ml
1 taza = 250 ml
2 tazas = 1 pinta (pint) = 500 ml
3 tazas = 750 ml
4 tazas = 1 litro (1 quart)

MEDIDAS DE CAPACIDAD (líquido)

30 ml = 2 cucharadas = 1 fl. oz
125 ml = ½ taza = 4 fl. oz
250 ml = 1 taza = 8 fl. oz
375 ml = 1½ tazas = 12 fl. oz
500 ml = 2 tazas = 16 fl. oz

PESO (masa)

15 g = ½ onza (oz)
30 g = 1 onza (oz)
90 g = 3 onzas (oz)
120 g = 4 onzas (in)
225 g = 8 onzas (in)
285 g = 10 onzas (in)
360 g = 12 onzas (in)
450 g = 16 onzas (in)

115 g = ¼ de libra (lb)
150 g = ⅓ de libra (lb)
225 g = ½ libra (lb)
340 g = ¾ de libra (lb)
450 g = 1 libra = 1 pound
565 g = 1¼ libras (lb)
675 g = 1½ libras (lb)
800 g = 1¾ libras (lb)
900 g = 2 libras (lb)
1.125 kg = 2½ libras (lb)
1.240 kg = 2¾ libras (lb)
1.350 kg = 3 libras (lb)
1.500 kg = 3½ libras (lb)
1.700 kg = 3¾ libras (lb)
1.800 kg = 4 libras (lb)
2.250 kg = 5 libras (lb)
2.700 kg = 6 libras (lb)
3.600 kg = 8 libras (lb)

TEMPERATURA DEL HORNO

48 °C = 120 °F
54 °C = 130 °F
60 °C = 140 °F
65 °C = 150 °F
70 °C = 160 °F
76 °C = 170 °F
81 °C = 180 °F
92 °C = 200 °F
120 °C = 250 °F
140 °C = 275 °F
150 °C = 300 °F
160 °C = 325 °F
180 °C = 350 °F
190 °C = 375 °F
200 °C = 400 °F
220 °C = 425 °F
230 °C = 450 °F
240 °C = 500 °F

LONGITUD

0.2 cm = ¹⁄₁₆ de pulgada (in)
0.3 cm = ⅛ de pulgada (in)
0.5 cm = ¼ de pulgada (in)
1.5 cm = ½ pulgada (in)
2.0 cm = ¾ de pulgada (in)
2.5 cm = 1 pulgada (in)

MEDIDAS DE RECIPIENTES PARA HORNEAR

Molde	Medidas en cm	Medidas en pulgadas/ cuartos (quarts)	Capacidad
Para torta (cuadrada o rectangular)	20×20×5	8×8×2	2 litros
	23×23×5	9×9×2	2.5 litros
	30×20×5	12×8×2	3 litros
	33×23×5	13×9×2	3.5 litros
Para barra	20×10×7	8×4×3	1.5 litros
	23×13×7	9×5×3	2 litros
Para torta redonda	20×4	8×1½	1.2 litros
	23×4	9×1½	1.5 litros
Para pay	20×3	8×1¼	750 ml
	23×3	9×1¼	1 litro
Cacerola para hornear	———	1 cuarto (quart)	1 litro
	———	1½ cuartos	1.5 litros
		2 cuartos	2 litros